CLASSIQUES EN POCHE

*Collection
dirigée
par
Hélène Monsacré*

PORPHYRE

VIE DE PLOTIN

*Texte établi
par
Émile Bréhier*

*Traduction par Émile Bréhier
révisée par Sébastien Morlet*

*Introduction, notes et annexes
par
Sébastien Morlet*

LES BELLES LETTRES

2013

*Le texte et la traduction
sont repris du volume correspondant
dans la Collection des Universités de France (C.U.F.),
toujours disponible avec apparat critique et scientifique.
(Œuvres complètes)*

www.lesbelleslettres.com
Retrouvez Les Belles Lettres sur Facebook et Twitter

© 2013, Société d'édition Les Belles Lettres,
95 bd Raspail 75006 Paris.

ISBN : 978-2-251-80227-5

INTRODUCTION

par Sébastien Morlet[1]

La *Vie de Plotin (VP)*, composée vers 301[2], est l'un des textes majeurs, l'un des premiers également, de ce qu'on appelle aujourd'hui l'« Antiquité tardive ». Mieux : rédigée probablement peu d'années avant la mort de son auteur, et plus de trente ans après celle de Plotin, elle manifeste comme la conscience rétrospective d'une ère nouvelle. Si Porphyre la conçoit avant tout comme une introduction aux *Ennéades*, une justification de son projet éditorial, force est de constater que la valeur de ce texte inestimable, tant sur le plan documentaire que littéraire, est irréductible à cette fonction liminaire. Sa réédition distincte de celle des *Ennéades*, dans la collection des Classiques en poche, est là pour le montrer. Indissociée de l'œuvre de Plotin dans la Collection des Universités de France, ce texte est très largement méconnu du grand public. Il a pourtant profité, depuis le début des années 90, d'un regain d'intérêt dû notamment, en France, aux travaux critiques de l'équipe

1. Maître de conférences à l'Université de Paris-Sorbonne et membre de l'Institut universitaire de France.
2. On déduit cette datation de *VP*, 23, 13-14, où Porphyre dit avoir 68 ans, et de *VP*, 4, 1-9, où il affirme avoir eu 30 ans lors de la dixième année de Gallien (263).

constituée entre autres de Luc Brisson, Marie-Odile Goulet-Cazé, Richard Goulet et Alain Segonds[3].

Porphyre, le « roi » de Tyr

L'auteur de la *Vie de Plotin* est né à Tyr, en Phénicie, en 234 après J.-C.[4]. Il portait à l'origine un nom sémitique, translittéré sous la forme Malkos ou Malchos, qui signifie « le roi ». Le texte explique que, pour cette raison, il se faisait appeler « Basileus » (le roi, en grec). Eunape, au début du Ve siècle, dira que c'est Longin qui donna au philosophe le nom de « Porphyre » en référence à la pourpre royale[5]. Mais peut-être Porphyre portait-il aussi ce nom dès sa naissance.

L'historien chrétien Socrate de Constantinople rapporte que Porphyre aurait été un ancien chrétien qui, à la suite de coups qu'il aurait reçus à Césarée de la part de ses coreligionnaires, aurait quitté le christianisme (*Histoire ecclésiastique*, III, 23). Cette anecdote permet à Socrate d'expliquer pourquoi Porphyre aurait écrit contre le christianisme, mais il est impossible de la vérifier. Quoi qu'il en soit, Porphyre alla suivre les leçons du philosophe Longin, à Athènes. Eunape de Sardes explique que Porphyre suivit, auprès de Longin, une formation à la rhétorique. En réalité, la *Vie de Plotin* donne plutôt l'impression que Longin fut pour lui un maître de philosophie.

En 263, Porphyre se rend à Rome et commence à suivre les cours de Plotin. Plotin était né en 205. Porphyre dit ignorer le lieu de sa naissance. Eunape croit savoir que le

---

3. *Porphyre. La vie de Plotin*, 2 vol., Paris, Vrin, 1992.
4. Sur la vie de Porphyre, il faut lire à présent R. Goulet *et alii*, « Porphyre de Tyr », *Dictionnaire des philosophes antiques*, t. V, Paris, CNRS Éditions, 2012, p. 1289-1468.
5. *Vies des sophistes*, 4, 1, 4 Giangrande.

philosophe était né à Lycopolis, en Égypte[6]. Entre 232 et 243, Plotin suit les cours d'Ammonius Saccas à Alexandrie. Il s'y forme à la pensée de Platon et de Pythagore. En 243, il rejoint, si l'on en croit la *Vie de Plotin*, l'expédition de l'empereur Gordien contre les Perses. Après l'échec de cette expédition, il se rend à Rome, où il fonde sa propre école en 246. Il y propose une interprétation nouvelle de la pensée de Platon impliquant une nouvelle représentation de l'Univers, qui suppose la transcendance absolue de l'Un, duquel procède l'Intellect (c'est-à-dire les idées, c'est-à-dire l'être). Plotin lui-même estime ne faire que ramener à sa pureté première la pensée de Platon, dévoyée par la postérité[7], mais, en réalité, il inaugure une façon *théologique* de lire son œuvre qui caractérise ce que nous appelons le « néoplatonisme ». Selon cette façon de comprendre Platon, le but ultime de la philosophie est d'opérer l'union avec Dieu (voir *VP*, 23). La production du savoir est subordonnée à cette quête fondamentale.

Porphyre se montre à l'école de Plotin un disciple fervent du maître, engagé dans la rédaction d'ouvrages pour défendre ses thèses, ou corrigeant ses écrits. En 268, il aurait été, d'après ses dires, atteint de mélancolie, au point de vouloir mettre un terme à ses jours (*VP*, 11). Plotin lui aurait prescrit de s'éloigner de l'école et de s'établir en Sicile. H. D. Saffrey a pensé que Porphyre peut avoir occulté la raison réelle de son départ : peut-être un désaccord avec le maître à propos d'Aristote, Porphyre

6. Voir notre Annexe.
7. Voir *Ennéades*, V, 1, 8, 10-14. Proclus, au début de la *Théologie platonicienne*, écrira dans le même sens que la vérité, transmise par les dieux à Platon, fut retrouvée dans sa pureté initiale, après une période d'occultation, grâce à Plotin.

estimant, contre Plotin, qu'il était en accord avec Platon[8]. R. Bodéüs estime quant à lui que ce récit vise à justifier Porphyre d'avoir été absent à la mort de Plotin, qui intervient en 270[9]. Frappé de maladie dès 269, Plotin s'était retiré en Campanie. On ignore la durée exacte du séjour de Porphyre en Sicile. Peut-être Porphyre effectua-t-il plusieurs voyages dans l'île. Quoi qu'il en soit, il revint à Rome à une date inconnue, probablement peu de temps après la mort du maître, puisque le médecin Eustochius lui relate les circonstances de l'événement (*VP*, 2).

Il n'y a pas de raison de penser que Porphyre ait succédé à Plotin, ni que l'école ait pu survivre à la mort du maître. Certaines sources prêtent à Porphyre une activité d'enseignement qui est probable, mais il est impossible de vérifier les textes qui le présentent comme le maître de Jamblique et de Théodore d'Asiné[10].

À un âge avancé, Porphyre épousa Marcella, déjà mère de cinq filles et de deux garçons. Dans la *Lettre* qu'il dédie à sa femme, il explique avoir été appelé à certaines charges par « le besoin des Hellènes » (§ 4). On a parfois pensé que cette expression mystérieuse impliquait que Porphyre ait pu être engagé dans la préparation de la Grande Persécution lancée en 303, ce qui reste incertain. La *Vie de Plotin* permet de fixer à 301 la publication des traités de Plotin, précédés de la

---

8. « Pourquoi Porphyre a-t-il édité Plotin ? Réponse provisoire », dans L. Brisson *et alii*, *Porphyre. La Vie de Plotin*, t. II, Paris, Vrin, 1992, p. 31-64.

9. « Plotin a-t-il empêché Porphyre de mourir de mélancolie ? », *Hermes*, 129, 2001, p. 567-571.

10. Pour Jamblique, voir Eunape, *Vies des sophistes*, 5, 1, 2 Giangrande ; pour Théodore, voir un fragment de la *Vie d'Isidore* de Damascius (§ 166, p. 230 Zintren = Porphyre, 33bT Smith).

biographie du maître[11]. Eunape estime que Porphyre est mort à Rome[12]. On fixe en général à 305 la date de mort de Porphyre, à cause de la *Souda*, dictionnaire byzantin de la fin du IXe siècle, qui estime qu'il ne vécut pas au-delà du règne de Dioclétien, mais cette donnée reste incertaine[13].

Une œuvre riche et variée

Porphyre est un penseur original et un écrivain polygraphe qui compte parmi les grands érudits de l'Antiquité : philosophe, il était aussi un philologue et pour tout dire un polymathe qu'intéressaient autant l'histoire que l'astronomie.

De son œuvre philosophique n'a survécu pour l'essentiel que le traité *Sur l'abstinence*, l'*Isagôgê* (une introduction aux *Catégories* d'Aristote), son petit commentaire sur les *Catégories*, les *Sentences*, et des fragments d'autres traités (*Sur la matière*, *Contre Boéthos*, *Sur le « Connais-toi toi-même »*, *Recherches mêlées*, entre autres). Les listes anciennes citent un grand nombre d'ouvrages perdus (notamment un traité *De l'unicité de l'école de pensée de Platon et d'Aristote* et un commentaire des *Oracles chaldaïques*). On peut y ajouter la *Vie de Pythagore*, conservée.

Une série d'ouvrages relève plutôt de la critique homérique. On a conservé quelques *Questions homériques* de Porphyre, un traité *Sur le Styx*, et une exégèse allégorique d'un passage de l'*Odyssé*e, XIII, 102-112 (l'*Antre des Nymphes*). La *Souda* évoque encore d'autres traités (*De la philosophie d'Homère*, *De l'utilité d'Homère pour les*

---

11. Voir la note 2.
12. *Vies des sophistes*, 4, 2, 6 Giangrande.
13. Voir la note 2.

rois). D'autres ouvrages témoignent plus largement de l'activité philologique de Porphyre, comme la *Leçon de philologie*, dont Eusèbe a conservé un fragment (*Préparation évangélique*, X, 3). La *Souda* mentionne encore un commentaire sur le manuel (rhétorique) de Minucianus, des *Apories grammaticales* et une *Introduction à l'Apotélesmatique de Ptolémée*.

Les recherches de Porphyre ont porté également sur l'histoire. Il était l'auteur d'une *Histoire de la philosophie* (jusqu'à Platon) dont il existe encore quelques fragments, et les sources évoquent une *Chronique*, qui rassemblait des informations depuis la guerre de Troie jusqu'au règne de Claude II le Gothique (268)[14].

Porphyre est par ailleurs l'auteur d'un traité *Contre les chrétiens* qui, selon la *Souda*, contenait quinze livres, et dont il reste quelques fragments. P. F. Beatrice a voulu identifier ce traité à la *Philosophie tirée des oracles*, traité connu notamment par des citations d'Eusèbe, et qui prétendait montrer le caractère philosophique des oracles grecs[15]. Mais cette identification doit être rejetée[16].

En raison de la richesse de l'itinéraire intellectuel de

---

14. B. Croke pensait que cette « Chronique » pouvait n'être qu'une partie du *Contre les chrétiens* (« Porphyry's Anti-Christian Chronology », *Journal of Theological Studies*, 34, 1983, p. 168-185). Il reste que le type d'information qu'on devait trouver dans cet ouvrage cadre mal avec une démonstration contre les chrétiens (cf. R. Goulet, « Hypothèses récentes sur le traité de Porphyre *Contre les Chrétiens* », dans M. Narcy-É. Rébillard [éd.], *Hellénisme et christianisme*, Villeneuve-d'Ascq, 2004, p. 61-109 [86-88]).

15. Parmi les nombreux articles consacrés par ce savant à cette hypothèse, on ne mentionnera ici que « Le traité de Porphyre Contre les Chrétiens. : L'état de la question », *Kernos*, 4, 1991, p. 119-138.

16. Le colloque de 2009 a tenté de faire le point sur le traité contre les chrétiens (voir S. Morlet [éd.], *Le Traité de Porphyre contre les chrétiens : un siècle de recherches, nouvelles questions*, Paris, Institut d'Études Augustiniennes, 2011). Notre conviction concernant la distinction

Porphyre, de la pluralité des influences qu'il a subies, de la diversité de ses intérêts comme penseur et écrivain, et surtout du caractère fragmentaire que présente aujourd'hui son œuvre immense, réduite souvent à quelques bribes, il n'est pas toujours facile de reconstituer sa pensée et ses éventuelles évolutions. Depuis J. Bidez[17], on a pris l'habitude de postuler une première phase au cours de laquelle Porphyre aurait manifesté un intérêt pour l'irrationnel (c'est à ce moment qu'il aurait composé la *Philosophie tirée des oracles*) ; il aurait connu ensuite une phase « rationaliste », avec Plotin, dont témoignerait la *Lettre à Anébon* dans laquelle Porphyre s'en prend à la théurgie (l'ouvrage suscitera le *De mysteriis*, la réponse de Jamblique) ; à la fin de sa vie, enfin, sa pensée témoignerait d'un équilibre entre ces deux tendances, illustré par le traité *Sur le retour de l'âme* évoqué par Augustin. Il n'est cependant pas facile de dater des ouvrages perdus, et la *Philosophie tirée des oracles* est située par certains chercheurs à la fin de la vie du philosophe[18].

Un document inestimable sur l'école de Plotin

Il faut le dire d'emblée : la *Vie de Plotin*, composée par un philosophe qui fut peut-être lui-même un professeur, est le témoignage, laissé par un ancien disciple, de la vie

de la *Philosophie tirée des oracles* et du *Contre les chrétiens* rejoint les analyses de R. Goulet, « Hypothèses récentes… », art. cit. à la note 14.

17. *Vie de Porphyre, le philosophie néo-platonicien*, Gand, 1913.

18. C'était le cas notamment de J. J. O'Meara, parce qu'il identifiait le *De regressu animae* à la *Philosophie tirée des oracles* (*Porphyry's Philosophy from Oracles in Augustine*, Paris, Institut d'Études augustiniennes, 1959). Voir la réponse de P. Hadot, « Citations de Porphyre chez Augustin (À propos d'un ouvrage récent) », *Revue des études augustiniennes*, 6, 1960, p. 205-244.

et surtout de l'enseignement d'un maître de philosophie.
Si l'on ajoute que le titre exact du texte est « Sur la vie de
Plotin et l'ordre de ses écrits », et si l'on garde à l'esprit
que Porphyre le conçoit comme une sorte de « préface »
aux *Ennéades*, on comprendra sans peine pourquoi cette
biographie, si particulière quand on la compare aux vies
de philosophes antérieures, est avant tout une vie
intellectuelle.

Porphyre, de toutes façons, sait très peu de chose sur
la vie de son maître avant le moment où il commence à
suivre ses cours, et ce fait s'explique, notamment, parce
que Plotin lui-même « se refusait à rien raconter sur sa
famille, ses parents ou sa patrie » (§ 1). Porphyre évoque
ici les rubriques traditionnelles de toute biographie antique,
comme pour signaler à son lecteur, d'emblée, que cette
vie-là ne sera pas comme les autres. Pire : le texte est placé
dès l'*incipit* sous le signe du rejet du corps, et du refus de
Plotin que l'on fasse de lui quelque image que ce soit.
Façon paradoxale d'ouvrir une biographie ! Cartérius, ce
peintre talentueux qui parvient à « croquer » Plotin malgré
lui, est comme un double de Porphyre lui-même. Peindre
ou écrire relèvent de la même opération : « *graphein* », un
terme qui, par ailleurs, est probablement le thème-clé du
récit[19]. Car la *Vie de Plotin* n'est pas seulement la vie d'un
professeur. Son objet principal est de montrer comment

---

19. Pour un rapprochement entre l'art du peintre et celui du biographe,
voir Plutarque, *Alex.*, 1, 2, et *Cim.*, 2, 3-5 (nous remercions Françoise
Frazier pour cette seconde référence). L'évidence du rapprochement entre
peinture et écriture rend probablement inutile l'hypothèse, proposée par
certains, selon laquelle Porphyre aurait ouvert sa biographie sur cette
anecdote pour justifier la présence d'une image de Plotin en tête de son
édition des *Ennéades* (voir, pour la bibliographie, l'article « Porphyre de
Tyr » dans le *Dictionnaire des philosophes antiques*, t. V, Paris, CNRS
Éditions, 2012, p. 1388).

Plotin fut « amené à écrire », comme le dit Porphyre (§ 4), et comment Porphyre lui-même fut appelé à constituer l'édition des œuvres de son maître. La *Vie* est bien une introduction aux *Ennéades* qui la suivent. Si Porphyre ne s'étend pas sur l'histoire personnelle de Plotin, ce n'est donc pas seulement par un défaut d'information. C'est, plus fondamentalement, parce que tel n'est pas son objet. La *Vie de Plotin* est la description (plus que le récit, nous y reviendrons) d'une âme enfermée dans un corps, en quête d'union avec le divin par la pratique de la philosophie.

De ce fait, le texte constitue une mine de renseignements sur la philosophie du IIIe siècle, et plus largement sur les pratiques lettrées du temps. Cette valeur documentaire doit être soulignée. Elle ne tient pas seulement au fait qu'elle constitue la source principale de notre connaissance de la vie de Plotin et de Porphyre. Celui-ci évoque nombre de maîtres, mais aussi de textes dont la *Vie de Plotin* est souvent le seul témoin. On y apprend notamment qu'il y avait encore au IIIe siècle plusieurs stoïciens (§ 20), des péripatéticiens et des diadoques platoniciens à Athènes. Porphyre cite deux longs extraits de son ancien maître Longin, qui seraient perdus sans lui (§ 19, 20). Il fait allusion plusieurs fois aux polémiques qui opposaient les philosophes.

La *Vie de Plotin* permet surtout de se faire une idée de ce qu'était concrètement un cours de philosophie au IIIe siècle[20]. On y comprend que le terme « école » dans le cas de Plotin doit être pris dans un sens très souple. Rien n'indique que la fameuse « école » ait survécu à la mort du maître. Comme c'était souvent le cas dans l'Antiquité,

---

20. Voir M.-O. Goulet-Cazé, « L'arrière-plan scolaire de la *Vie de Plotin* », dans L. Brisson *et alii*, *Porphyre. La Vie de Plotin*, t. I, Paris, Vrin, 1992, p. 231-327.

l'« école » était un groupe de disciples réunis autour d'un professeur. Ce sera encore le cas dans l'« école » du chrétien Pamphile, auquel s'attache Eusèbe de Césarée, vers la fin du IIIe siècle[21].

L'école ne disposait pas d'un local spécifique. Porphyre écrit que Plotin vivait dans la maison de Gemina, une riche protectrice (§ 9). C'était là, vraisemblablement, que le maître dispensait ses leçons.

Le groupe des auditeurs était lui-même très lâche. À côté de disciples fervents et dévoués à Plotin, comme Amélius ou Porphyre lui-même (qui, pourtant, fréquenta Plotin beaucoup moins longtemps qu'Amélius), d'autres disciples paraissent avoir été moins engagés dans la vie philosophique. Porphyre le laisse clairement entendre dans un passage typologique inspiré probablement des trois parties de l'âme évoquées dans le livre IX de la *République*, 581 a-c (*VP*, 7). Il distingue d'abord les véritables philosophes (Amélius, d'abord, puis Paulin de Scythopolis, Eustochius, Zoticus et lui-même, Porphyre) ; puis les hommes engagés dans la politique : Zéthus, Castricius et des sénateurs, Marcellus Orrontius et Rogatianus ; et enfin, ceux qui, tel Sérapion d'Alexandrie, restaient attachés à l'argent (le type du *philokerdês*, d'après Platon).

L'entourage de Plotin comptait également des femmes et des enfants, dont certaines riches familles confiaient au philosophe l'éducation (§ 9). Les cours du maître attiraient également des chrétiens, comme on l'apprend au § 16.

---

21. Voir S. Morlet, « La formation d'une identité intellectuelle et son cadre scolaire : Eusèbe de Césarée à l'''école' de Pamphile », *Adamantius*, 17, 2011, p. 208-219. Françoise Frazier nous rappelle que l'œuvre de Plutarque atteste le même genre de contexte scolaire (voir J. Sirinelli, *Plutarque de Chéronée*, Paris, Fayard, 2000, p. 37 *sq.* ; 123 *sq.*).

L'école paraît avoir été ouverte à tous. On pouvait venir écouter Plotin ponctuellement, comme ce Thaumasius évoqué au § 13[22].

Porphyre revient plusieurs fois sur l'organisation des cours de Plotin. P. Hadot a bien montré de quelle façon le cours de philosophie change de forme au cours de l'époque impériale :

> Désormais, on ne discute plus des problèmes eux-mêmes, on ne parle plus directement des choses, mais de ce que Platon ou Aristote ou Chrysippe disent des problèmes et des choses[23].

Au dialogue entre le maître et ses disciples se substitue de plus en plus le commentaire des textes fondateurs. L'activité exégétique ne met pas un terme à l'échange oral. Mais le sujet de celui-ci se déplace. Il ne s'agit plus directement de réfléchir sur telle ou telle question, mais de se demander ce que Platon ou Aristote ont dit de telle ou telle question.

La *Vie de Plotin* témoigne de la place que l'exégèse avait prise au IIIe siècle dans le cours de philosophie, même s'il n'est pas facile de reconstituer parfaitement l'organisation des leçons de Plotin. Celle-ci peut d'ailleurs avoir varié dans le temps, comme le suggère le § 3, ou selon les auditeurs.

À l'époque où Porphyre fréquente l'école, le cours paraît fondé avant tout sur l'examen de textes de Platon et d'Aristote. On lit ensuite les commentaires, puis Plotin

---

22. Françoise Frazier nous indique de semblables renvois à des auditeurs de passage chez Épictète, *Entretiens*, III, 7 et 9.
23. *Qu'est-ce que la philosophie antique ?*, Paris, Gallimard, 1995, p. 234.

donne sa propre interprétation, dans un style toujours concis
(§ 14). Si le passage qui fournit cette description donne
l'impression d'un cours magistral où seul le maître parle
et « se lève », selon les propres termes de Porphyre, d'autres
textes de la *Vie de Plotin* donnent une image différente.
Au § 13, Thaumasius croit venir écouter une conférence
du maître seul, et assiste à un échange qu'il juge trop long
entre Plotin et Porphyre. Ce passage capital, tout comme
le § 3 et le § 5, montre que le cours pouvait aussi procéder
(ou peut-être procédait *toujours*) par questions et réponses.
Ce que Porphyre ne dit pas précisément, c'est si les
questions portaient sur des problèmes généraux, ou sur les
textes qui les évoquaient. Si l'on se fie à P. Hadot, on sera
porté à penser que l'échange avait pour sujet le texte qui
constituait, vraisemblablement, le point de départ du cours.
Peut-être n'était-ce pas toujours le cas.

Porphyre rappelle à ce propos (§ 3) que, au début, les
cours de Plotin étaient désordonnés. Le maître laissait
l'initiative à ses auditeurs, et peinait à contrôler la direction
du cours. L'agacement de Thaumasius tendrait à montrer
que, si Plotin avait réussi à ordonner davantage ses cours,
il existait un certain flottement général, conforme, sans
doute, à l'attitude négligente de Plotin par rapport aux
contingences matérielles (voir § 8). Plotin est tendu
constamment vers l'Intellect – comprenons : l'Intellect
hypostase – (§ 9). Mais il néglige la prononciation (§ 13),
l'orthographe et la calligraphie : « il ne s'attachait qu'au
sens » (§ 8).

C'est dans le même sens qu'il faut sans doute comprendre
le mot sévère de Plotin à l'endroit de Longin : « Longin
est un philologue, mais nullement un philosophe » (§ 14).
Plotin, visiblement, ne pratiquait pas une exégèse érudite
des textes visant à en expliciter les moindres détails. Cette

façon de commenter existait. Plotin, lui, partait du texte pour développer « des spéculations propres et originales et des explications dans l'esprit d'Ammonius » (§ 14). Cet « esprit d'Ammonius », c'était probablement cette façon « existentielle », selon le mot de Marie-Odile Goulet-Cazé, dont Plotin concevait l'activité philosophique : non pas comme la transmission ou la production d'un savoir purement académique, mais comme une démarche de type spirituel et mystique[24].

Il est difficile d'imaginer dans l'école de Plotin un programme bien défini et un ordre de lecture des textes comparable à celui qui s'imposera plus tard dans l'enseignement néoplatonicien. Les *Ennéades* supposent une exégèse suivie d'un certain nombre de textes de Platon et d'Aristote, mais certains de leurs ouvrages n'y sont jamais évoqués.

Ce qui est certain, en revanche, c'est que le cercle réuni autour du maître s'était voué à d'importants travaux d'écriture. Ceux-ci concernaient au premier chef les cours même de Plotin. Ces cours circulèrent d'abord sous la forme des notes prises par Amélius et rassemblées dans ses *Scholies*, à une époque où Plotin refusait d'écrire (§ 3-4). Lorsqu'il s'y résolut, il demanda à Porphyre de *corriger* et d'*ordonner* ses traités. Porphyre salue la qualité des copies effectuées par Amélius, faites sur les exemplaires mêmes de Plotin (§ 20).

L'école se livre également à une activité polémique importante. Lorsqu'il s'attache pour la première fois à Plotin, Porphyre cherche à le contredire dans une réfutation, pour montrer que les intelligibles sont hors de l'Intellect (§ 18). Plotin charge Amélius de lui répondre. Porphyre

24. Art. cit., p. 266.

répond. Amélius répond encore. Et finalement, Porphyre rédige une palinodie. C'est à ses deux disciples préférés que Plotin demande de réfuter des ouvrages gnostiques (§ 16), et c'est encore Porphyre qui se charge de réfuter le rhéteur Diophane ou de répondre aux *Questions* du platonicien Eubule (§ 15).

Le « manifeste » philosophique d'une époque nouvelle

La *Vie de Plotin* est également le témoin, autant que le « manifeste », d'évolutions profondes dans la conception de la philosophie. Porphyre ne se contente pas en effet d'attester ces évolutions ; plusieurs indices tendent à montrer qu'il cherche, dans cette *Vie*, à proposer la défense et l'illustration d'une nouvelle façon de philosopher. Le mot *bios*, en grec, peut désigner, selon les contextes, la « vie » autant que le « genre de vie ». La biographie, en Grèce, présente toujours, à côté d'un aspect historique, une dimension plus paradigmatique[25].

Il ne fait guère de doute, pour commencer, que Porphyre cherche à se faire le défenseur d'une certaine *nouveauté* philosophique. Non la mauvaise nouveauté (ce qu'on appelle dans l'Antiquité la *kainotomia*), celle qui consiste à rompre avec les traditions ancestrales, et qui caractérise plutôt ces chrétiens qui suivent les cours de Plotin et que Porphyre accuse d'avoir déserté l'ancienne philosophie

---

25. Françoise Frazier parle ainsi du « primat de l'êthos » pour caractériser l'écriture biographique telle que la pratique, par exemple, Plutarque (« Bios et Historia. À propos de l'écriture biographique dans les *Vies parallèles* de Plutarque », *Dialogues d'histoire ancienne*, supp. 4.1, 2010, p. 155-172). Voir également, du même auteur, « Histoire et exemplarité : les 'hommes de Plutarque' », dans J. Dagen-A.-S. Barrovecchio (éd.), *Le Rire ou le modèle ? Le dilemme du moraliste*, Paris, Champion, 2010, p. 21-37.

(§ 16), mais la nouveauté positive, celle qui constitue une contribution authentique et personnelle à l'histoire de la philosophie et qui permet de dissiper les erreurs sans rupture avec le bien reçu de la tradition. Porphyre insiste ainsi sur l'originalité des exégèses de Plotin (§ 14). Dans le même sens, il veut répondre à ceux qui estiment que Plotin ne fut qu'un plagiaire de Numénius (§ 18). De façon habile, Porphyre laisse parler Longin, le plus grand connaisseur, dit-il, des philosophes de son époque (§ 20). Cette insistance de Porphyre sur l'époque contemporaine, sensible dès l'*incipit* (« Plotin, le philosophe qui a vécu de nos jours… »), traduit, semble-t-il, sa volonté de se faire le porte-parole d'une certaine *originalité* philosophique. Longin, écrit-il, qui a lu presque tous les ouvrages philosophiques de son temps, a estimé que Plotin l'emportait sur tous ses prédécesseurs par l'abondance des questions qu'il aborde et par « un genre original *(idiô)* de réflexion » (§ 21). Plotin est un exégète de Platon, mais un exégète *original*.

C'est à la mise en évidence de cette originalité que tendent la plupart des descriptions de Porphyre. Plotin est original non seulement dans sa manière d'exposer les problèmes – sa concision extraordinaire, notamment, que Porphyre présente au § 21 comme un idéal de style philosophique –, mais encore dans son attention constante à l'Intellect – qui lui fait commettre des lapsus, et qui le rend négligent de l'orthographe – et, pour tout dire, dans son genre de vie.

Porphyre se fait en ce sens le relais d'évolutions majeures qui détermineront tout le néoplatonisme dans l'Antiquité.

Ce qui caractérise le genre de vie philosophique, selon Porphyre, c'est d'abord l'ascèse. La « honte » de Plotin d'être dans un corps est souvent citée aujourd'hui pour illustrer le « renoncement à la chair » qui caractériserait l'évolution des mentalités dans l'Antiquité tardive[26]. Porphyre évoque la maigre chère de Plotin (§ 8 : « souvent il ne prenait même pas de pain »), conséquence ou condition de sa tension permanente vers l'Intellect. C'est que le but ultime de la philosophie, pour Plotin, n'est pas la production d'un savoir ou la définition de la vie heureuse. Là réside peut-être la plus grande nouveauté introduite par Plotin : « la fin et le but, en effet, c'était pour lui d'être uni au dieu qui est au-dessus de toutes choses et de s'approcher de lui » (§ 23). On reconnaît ici le rôle central que les néoplatoniciens, à partir de Plotin, accorderont au passage du *Théétète* 176b (« l'évasion, c'est l'assimilation à Dieu dans la mesure du possible »). Pour Plotin, la philosophie ne s'épuise pas dans la simple production d'un savoir. C'est une activité existentielle qui doit procurer la purification de l'âme et permettre à cette dernière d'opérer sa « conversion » vers le principe, à travers une expérience unitive décrite, par exemple, dans l'*Ennéade*, VI, 17.

On sait que, par la suite, toute une branche du néoplatonisme accordera une importance particulière aux rites de purification, notamment à travers la pratique de la théurgie, un ensemble de rites censés avoir été révélés par les dieux pour aider les âmes à se purifier, et consignés dans les *Oracles chaldaïques* (IIe siècle). Mais dans la *Vie de Plotin*, il n'est pas question de théurgie (à l'exception, éventuellement, de l'anecdote de l'Iseion narrée au § 10). Plotin est un philosophe « rationnel », qui conçoit l'union avec le divin par le moyen de la seule activité théorétique. Le regard de Porphyre sur son maître annonce cependant

---

26. Voir P. Brown, *Le Renoncement à la chair : virginité, célibat et continence dans le christianisme primitif*, Paris, Gallimard, 1995 pour la traduction française.

la façon dont les néoplatoniciens postérieurs se représenteront la figure du philosophe, être divin équivalent du « saint homme » chrétien auquel seront prêtés des pouvoirs de guérisseur, de mage ou d'exorciste[27]. Plotin n'est pas un homme comme les autres. Cette supériorité, il la tient de sa nature même (§ 10). Le démon qui l'assiste est « un de ces démons qui se rapprochent des dieux » *(ibid.)*. Plotin a une familiarité exceptionnelle avec le divin (§ 23 : « son âme était pure et se hâtait toujours vers le divin »). Apollon lui-même témoigne, à travers un oracle (§ 22), que le philosophe, après sa mort, fut accueilli parmi les êtres divins.

Sa vie terrestre le signale déjà comme un *théios anêr*[28]. Plotin est doué d'une perspicacité particulière : il démasque un voleur, rien qu'en le regardant, et il est capable de savoir ce que deviendront des enfants (§ 11). Il sort victorieux des attaques magiques d'Olympius (§ 10). Plotin est doté par ailleurs d'une beauté particulière, signe en lui de la présence du divin : « Quand il parlait, on voyait l'Intellect briller sur son visage et l'éclairer de sa lumière ; d'aspect agréable, c'était à ce moment-là surtout qu'il était beau à voir » (§ 13). Les écrits de Plotin sont inspirés (§ 23 : « c'est sous l'inspection et la surveillance de ces êtres que ses écrits furent composés ») : on pressent ici l'importance que les néoplatoniciens accorderont par la suite à la notion

---

27. Sur l'émergence de la figure du saint homme, tant dans le « paganisme » que dans le christianisme de la fin de l'Antiquité, voir l'article fondamental de P. Brown, « Le saint homme. Son essor et sa fonction dans l'Antiquité tardive », repris dans *La Société et le sacré dans l'Antiquité tardive*, Paris, Le Seuil, 1985, p. 61-112.

28. Sur cette notion, voir l'étude classique de L. Bieler, Θεῖος ἀνήρ. *Das Bild des « göttlichen Menschen » in Spätantike und Frühchristentum*, Vienne, 1935.

de révélation[29]. Proclus, au début de la *Théologie platonicienne*, présentera la philosophie de Platon comme un don des dieux[30].

La sagesse de Plotin lui attire le respect. Plotin n'a pas d'ennemi politique. Il a la faveur de l'empereur Gallien et de son épouse (§ 12). Il arbitre des conflits (§ 9) : on reconnaît là encore la figure du saint homme médiateur qui sera si prégnante dans la mentalité tardo-antique.

L'ambition littéraire du texte

La *Vie de Plotin* plonge le lecteur d'aujourd'hui dans une atmosphère qui n'est pas familière aux connaisseurs de l'Antiquité classique, ou même des premiers temps de l'époque impériale. Il y est question d'oracles, de dieux, de démons, de magie, de pouvoirs surnaturels, et en même temps de philologie, d'écriture, d'exégèse. C'est le moment pour finir d'insister sur les qualités littéraires de ce texte si particulier.

La *Vie de Plotin*, indissociable d'un exposé sur « l'ordre de ses écrits », s'inscrit dans le sillage des philologues qui publiaient les vies des auteurs en tête de leurs éditions des textes classiques. Porphyre connaît et évoque lui-même cette tradition philologique (§ 24).

Le texte dépasse cependant largement le cadre d'une notice introductive et relève pleinement de la tradition biographique en tant que telle. Il s'inscrit même dans la tradition socratique. Certains détails rappellent les *Apologies*

---

29. Voir P. Hadot, « Théologie, exégèse, révélation, écriture dans la philosophie grecque », dans M. Tardieu (éd.), *Les Règles de l'interprétation*, Paris, Le Cerf, 1987, p. 13-34, repris dans *Études de philosophie ancienne*, Paris, Les Belles lettres, 1998, p. 27-50.

30. I, 1.

de Socrate de Platon et de Xénophon, comme la *mêgalêgoria* (le « verbe haut ») de Plotin[31]. Porphyre évoque lui-même le modèle socratique à travers sa citation d'un oracle d'Apollon, qu'il compare avec l'oracle qui, chez Platon[32] comme chez Xénophon[33], décrit Socrate comme l'homme le plus sage (cf. *VP*, § 22). La posture de Porphyre, disciple qui rapporte les mots de son maître, n'est pas sans rappeler non plus celle de l'auteur des *Mémorables*.

Mais le genre principal dont relève la *Vie de Plotin* est bien sûr celui de la vie de philosophe, genre qui connaît un développement particulier à partir du IIIe siècle et dont l'importance ne se démentira pas dans la tradition néoplatonicienne. Au début du Ve siècle, Eunape de Sardes composera des *Vies des sophistes*, série de notices biographiques dont la première est justement consacrée à Plotin[34]. La *Vie de Plotin* est la première biographie conservée qui soit consacrée par un philosophe à son maître. Cette habitude s'imposera par la suite, tant chez les néoplatoniciens (Marinus écrit une *Vie de Proclus*, et Damascius une *Vie d'Isidore*) que chez les chrétiens. Contemporain de Porphyre, Eusèbe de Césarée composera une *Vie de Pamphile* aujourd'hui perdue. Son successeur Acace rédigera une *Vie d'Eusèbe*.

Porphyre a face à lui deux grands modèles de biographie philosophique. Le modèle « doxographique » que constituent les *Vies* de Diogène Laërce, sans doute composées au début du IIIe siècle (et qui font une large part à l'aspect biographique, à côté de la doxographie pure) ; celui, d'autre part, de la biographie pythagoricienne, dont le seul témoin

---

31. Voir Xénophon, *Apologie de Socrate*, 1.
32. *Apologie de Socrate*, 21a.
33. *Apologie de Socrate*, 14.
34. Voir notre Annexe.

conservé, avant Porphyre, est la *Vie d'Apollonios de Tyane*
de Philostrate. Il semble que Porphyre ait été inspiré par
ces deux modèles, mais surtout par le second.

Il existe dans l'Antiquité deux façons de composer une
biographie, comme le dit Suétone lui-même dans la *Vie
d'Auguste*, 9 : *per tempora*, c'est-à-dire en suivant l'ordre
chronologique (à la façon de Plutarque[35]), ou *per species*,
c'est-à-dire par rubriques thématiques (c'est le mode de
composition typique de Suétone). La *Vie* de Philostrate
suit le premier modèle, mais, fortement influencée par le
genre romanesque, elle ne témoigne pas forcément, de ce
point de vue, des biographies « pythagoriciennes » dont
Porphyre a pu s'inspirer, tant dans sa propre *Vie de
Pythagore* que dans la *Vie de Plotin*. Cette dernière est
avant tout une biographie *per species*, organisée autour de
grandes rubriques. Porphyre concentre le récit chronologique
dans les quatre premiers paragraphes. La suite du texte est
une description statique.

M. Delatte a jadis montré que les notices de Diogène
Laërce étaient toutes fondées sur un schéma intangible
constitué de rubriques[36] : nom et origine du philosophe ;
éducation et formation intellectuelle ; choix d'une école ;
faits notables de la vie ; caractère du philosophe ; récit de
la mort ; ses disciples ; ses ouvrages ; ses doctrines ; ses
homonymes.

Ce schéma « scolaire » trouve un écho partiel dans la
Vie de Plotin. Son éducation et son orientation philosophique
font l'objet du § 3 ; la rubrique consacrée aux auditeurs
se trouve au § 7. La pensée et l'œuvre de Plotin sont
évoquées de façon plus diffuse. La question de l'ordre des

35. Voir Fr. Frazier, *Histoire et morale dans les* Vies parallèles *de
Plutarque*, Paris, Les Belles Lettres, 1996.
36. *Vie de Pythagore*, Bruxelles, M. Lamertin, 1922, p. 54-63.

ouvrages est parfois évoquée par Diogène Laërce, dans sa *Vie* de Platon par exemple (III, 49-51). Et comme Diogène Laërce, Porphyre s'appuie plusieurs fois sur des citations (Longin, et Apollon) et tisse son récit à partir d'anecdotes.

Ce qui frappe surtout, cependant, c'est l'écart entre la *Vie de Plotin* et les vies de Diogène Laërce. Celles-ci s'inscrivent dans un projet d'exposition « scolaire », et leur valeur littéraire, en général, n'est pas placée bien haut par les Modernes. La *Vie* composée par Porphyre, en revanche, relève d'une ambition littéraire et philosophique, « engagée » dans la défense d'une œuvre et d'une pensée.

Cette ambition philosophique dont elle témoigne rappelle davantage la biographie pythagoricienne que les vies de Diogène Laërce. Ce qui caractérise la biographie pythagoricienne, selon R. Goulet, c'est l'attention à exposer un genre de vie plutôt qu'à donner une description du détail de la vie du philosophe[37]. Cette intention, nous l'avons dit, préside à la *Vie de Plotin*.

La prégnance de cet autre modèle biographique est visible à travers les parallèles que l'on peut déceler entre la *Vie de Plotin* et la *Vie d'Apollonios de Tyane*, d'une part, et la *Vie de Pythagore* de Porphyre, d'autre part. Comme la *Vie de Plotin*, la *Vie d'Apollonios* est la vie d'un *theios anêr*. Philostrate insiste sur les qualités intellectuelles

---

37. Voir « Les Vies de philosophes de l'Antiquité tardive », dans *Études sur les Vies de philosophes de l'Antiquité tardive. Diogène Laërce, Porphyre de Tyr, Eunape de Sardes*, Paris, Vrin, 2001, p. 3-63 (p. 23). Cette étude reprend la matière de deux articles : « Histoire et mystère. Les Vies de philosophes de l'Antiquité tardive », dans *La Biographie antique*, Entretiens sur l'Antiquité classique 44, Genève-Vandoeuvres, 1998, p. 217-265, et « Les Vies de philosophes dans l'Antiquité tardive et leur portée mystérique », dans F. Bovon (éd.), *Les Actes apocryphes des apôtres. Christianisme et monde païen*, Genève, Labor et Fides, 1981, p. 161-208. Sur les vies de philosophes, nous donnons d'autres indications à la fin de ce volume.

extraordinaires du philosophe (I, 7) ; Apollonios, comme Plotin, voyage en Orient (I, 9) ; il pratique le végétarisme (I, 8) ; il est doué de clairvoyance (I, 10 ; VI, 13) et du don de prophétie (III, 33 ; IV, 18) ; il se dit fils d'Apollon (I, 6) – là où Plotin reçoit à titre posthume les honneurs du dieu (§ 22).

Les parallèles sont tout aussi nombreux entre Plotin et le Pythagore de Porphyre. Ce dernier se rend également en Orient (§ 11-12) ; il attire de nombreux disciples, dont des femmes (§ 19) ; ceux-ci mettent leur bien en commun et tiennent le maître pour un dieu (§ 20) ; Pythagore intervient dans la politique en « libérant » des cités et en leur donnant des lois (§ 21), ce qui rappelle le projet politique de fonder Platonopolis (*VP*, 12). Pythagore résout des conflits (§ 22) ; il a le don de prophétie (§ 25, 28, 29) ; il pratique l'ascèse et le végétarisme (§ 34). Le but même de sa philosophie est voisin de celle de Plotin : « Il professait une philosophie dont le but était de délivrer et d'affranchir totalement des entraves et des liens de ce genre l'intellect qui nous a été attribué et sans lequel on ne saurait apprendre ni percevoir absolument rien de sensé et de vrai (…). » (§ 46 ; voir *VP*, 23).

Si elle est la vie d'un professeur, la *Vie de Plotin* n'est donc en aucun cas une vie « scolaire ». Elle est animée d'une ambition « existentielle » qui est celle de la philosophie de Plotin elle-même. Par rapport à la *Vie d'Apollonios* ou à la *Vie de Pythagore* de Porphyre, la *Vie de Plotin* présente cependant un aspect surnaturel beaucoup moins marqué.

Le texte témoigne enfin d'une intention proprement littéraire, irréductible aux buts philosophiques que son auteur se propose. Porphyre se joue des codes. S'il cède à l'usage qui veut que la biographie se termine par la mort du philosophe, il fait de ce lieu commun un usage tout à fait particulier, puisque, s'il évoque bien la mort de Plotin à la fin du texte, à travers l'allusion à l'oracle d'Apollon (§ 22), la *description* de la mort du philosophe intervient dès le début du texte, au § 2. La biographie, placée déjà sous le signe du rejet de la chair, s'ouvre à proprement parler sur la *mort* du corps. Au-delà de la signification philosophique de ce choix, déjà évoqué, l'effet littéraire est saisissant. Le procédé a été popularisé dans le roman et au cinéma : c'est celui du *flash back*.

Autre effet, tout aussi saisissant : l'*incipit, in medias res*. Sans aucun préambule, le lecteur se retrouve au cours de Plotin. Porphyre évoque Amélius comme s'il était une connaissance du lecteur. Il ne sera présenté qu'au § 7. On pense à l'*incipit* de Madame Bovary : « Nous étions à l'Étude… ». Il n'y avait pas meilleur moyen pour susciter l'empathie du lecteur.

Dernière particularité : auteur probable d'une *Chronique* qui se terminait sur l'époque de Claude II, Porphyre est constamment attentif à dater les événements sur l'axe de l'histoire romaine. Ses renseignements sont précieux pour la reconstitution de la chronologie plotinienne.

On a parfois voulu voir dans la *Vie de Plotin* une sorte d'évangile « païen »[38]. Les lignes qui précèdent montrent que ce n'est pas nécessaire. On peut toujours rapprocher l'oracle d'Apollon de l'oracle d'Hécate que Porphyre citait, aux dires d'Augustin (*Cité de Dieu*, XIX, 23), dans la *Philosophie tirée des oracles*, oracle qui présentait le Christ comme un homme sage. On pourra toujours relever des parallèles, plus ou moins vagues, entre la *Vie de Plotin* et

---

38. Voir, pour cette hypothèse, L. Jerphagnon, « Les sous-entendus antichrétiens de la *Vita Plotini* ou l'Évangile de Plotin selon Porphyre », *Museum Helveticum*, 47, 1990, p. 41-52.

les évangiles. Le fait que Porphyre ait écrit par ailleurs contre le christianisme ne suffit pas à prouver que ces parallèles soient autre chose que des traits de la mentalité du temps[39].

Note sur le texte et sa traduction

Le texte reproduit est celui de la Collection des Universités de France. Nous avons parfois fait des choix éditoriaux différents de ceux d'Émile Bréhier, que nous signalons en note. La traduction est celle d'Émile Bréhier, corrigée chaque fois qu'il nous a paru nécessaire de le faire, en profitant notamment des acquis du travail de l'équipe constituée entre autre de Luc Brisson, Marie-Odile Goulet-Cazé, Richard Goulet et Alain Segonds. Moins précise que celle de l'équipe en question, la traduction Bréhier présente un charme littéraire qu'il nous a paru important de conserver.

39. Je remercie Hélène Monsacré, Françoise Frazier et Richard Goulet pour leur relecture précieuse.

VIE DE PLOTIN

ΠΕΡΙ ΠΛΩΤΙΝΟΥ ΒΙΟΥ ΚΑΙ ΤΗΣ ΤΑΞΕΩΣ ΤΩΝ ΒΙΒΛΙΩΝ ΑΥΤΟΥ

1 Πλωτῖνος ὁ καθ᾽ ἡμᾶς γεγονὼς φιλόσοφος ἐῴκει μὲν αἰσχυνομένῳ ὅτι ἐν σώματι εἴη. ᾽Απὸ δὲ τῆς τοιαύτης διαθέσεως οὔτε περὶ τοῦ γένους αὐτοῦ διηγεῖσθαι ἠνείχετο οὔτε περὶ τῶν γονέων οὔτε περὶ τῆς πατρίδος. Ζωγράφου δὲ ἀνασχέσθαι ἢ πλάστου τοσοῦτον ἀπηξίου ὥστε καὶ λέγειν πρὸς ᾽Αμέλιον δεόμενον εἰκόνα αὐτοῦ γενέσθαι ἐπιτρέψαι· οὐ γὰρ ἀρκεῖ φέρειν ὃ ἡ φύσις εἴδωλον ἡμῖν περιτέθεικεν, ἀλλὰ καὶ εἰδώλου εἴδωλον συγχωρεῖν αὐτὸν ἀξιοῦν πολυχρονιώτερον καταλιπεῖν ὡς δή τι τῶν ἀξιοθεάτων ἔργων; ῞Οθεν ἀπαγορεύοντος καὶ καθεδεῖσθαι ἕνεκα τούτου ἀρνουμένου ἔχων φίλον ὁ ᾽Αμέλιος Καρτέριον τὸν ἄριστον τῶν τότε γεγονότων ζωγράφων εἰσιέναι καὶ ἀπαντᾶν εἰς τὰς συνουσίας ποιήσας· ἐξῆν γὰρ τῷ βουλομένῳ φοιτᾶν εἰς τὰς συνουσίας· τὰς ἐκ τοῦ ὁρᾶν φαντασίας πληκτικωτέρας λαμβάνειν διὰ τῆς ἐπὶ πλέον προσοχῆς συνείθισεν. ῎Επειτα γράφοντος ἐκ τοῦ τῇ μνήμῃ ἐναποκειμένου ἰνδάλματος τὸ

LA VIE DE PLOTIN

ET L'ORDRE DE SES ÉCRITS

1 Plotin, le philosophe qui a vécu de nos jours, semblait avoir honte d'être dans un corps. Du fait de cette disposition, il se refusait à rien raconter sur sa famille, ses parents ou sa patrie[1]. Il ne voulait souffrir ni peintre ni sculpteur ; et même, comme Amélius[2] lui demandait de permettre qu'on fît son portrait, il lui dit : « N'est-ce pas assez de porter l' image dont la nature nous a revêtus ? Faut-il encore permettre qu'il reste de cette image une autre image plus durable, comme si elle valait qu'on la regarde ? » Il refusait donc et ne consentait pas à poser. Mais Amélius avait un ami, Cartérius, le meilleur des peintres d'alors ; il le fit entrer et assister aux cours de Plotin (pouvait en effet les fréquenter qui voulait) ; il lui permit ainsi de s'habituer à se représenter Plotin de plus en plus nettement à force de le voir, grâce à une attention toujours plus soutenue. Puis Cartérius peignit le portrait d'après le dessin qu'il gardait en sa mémoire ; Amélius corrigea l'esquisse pour atteindre

---

1. Porphyre ne dit rien du lieu de naissance de Plotin. Eunape, au début du ve s., le situera à Lycopolis en Égypte (voir notre Annexe). Proclus lui-même parlera de « Plotin l'Égyptien » (*Théologie platonicienne*, I, 1).
2. Amélius apparaît dans toute la *Vie* comme le disciple le plus ancien et le plus attaché à Plotin. Il suivit ses cours de 246 à 269, et semble avoir été l'assistant principal du Maître.

εἴκασμα καὶ συνδιορθοῦντος εἰς ὁμοιότητα τὸ ἴχνος τοῦ
Ἀμελίου εἰκόνα αὐτοῦ γενέσθαι ἡ εὐφυΐα τοῦ Καρτερίου
παρέσχεν ἀγνοοῦντος τοῦ Πλωτίνου ὁμοιοτάτην.

2 Κοιλιακῇ δὲ νόσῳ πολλάκις καταπονούμενος οὔτε
κλυστῆρος ἠνέσχετο, οὐκ εἶναι πρὸς τοῦ πρεσβύτου λέγων
ὑπομένειν τὰς τοιαύτας θεραπείας, οὔτε τὰς θηριακὰς
ἀντιδότους λαβεῖν ὑπέμεινε, μηδὲ τῶν ἡμέρων ζῴων τὰς ἐκ
τοῦ σώματος τροφὰς προσίεσθαι λέγων. Λουτροῦ δὲ ἀπεχό-
μενος καὶ τρίψεσι καθ' ἑκάστην ἡμέραν χρώμενος ἐπὶ τῆς
οἰκίας, ἐπειδὴ τοῦ λοιμοῦ ἐπιβρίσαντος συνέβη τοὺς
τρίβοντας αὐτὸν ἀποθανεῖν, ἀμελήσας τῆς τοιαύτης
θεραπείας κατ' ὀλίγον τὴν τοῦ κυνάγχου ἀγριότητα κατα-
σκευαζομένην ἔσχε. Κἀμοῦ μὲν παρόντος οὐδέν πω τοιοῦτον
ὑπεφαίνετο· ἀποπλεύσαντος δὲ εἰς τοσοῦτον ἠγριώθη τὸ
πάθος, ὡς ἔλεγεν ἐπανελθόντι Εὐστόχιος ὁ ἑταῖρος ὁ καὶ
παραμείνας αὐτῷ ἄχρι θανάτου, ὡς καὶ τῆς φωνῆς περιαιρε-
θῆναι τὸ τορὸν καὶ εὔηχον βραγχῶντος αὐτοῦ καὶ τὴν ὄψιν
συγχυθῆναι καὶ τὰς χεῖρας καὶ τοὺς πόδας ἑλκωθῆναι· ὅθεν
ἐκτρεπομένων αὐτοῦ τὰς συναντήσεις τῶν φίλων διὰ τὸ
ἀπὸ στόματος πάντας προσαγορεύειν ἔθος ἔχειν, τῆς μὲν
πόλεως ἀπαλλάττεται, εἰς δὲ τὴν Καμπανίαν ἐλθὼν εἰς

une plus grande ressemblance, et on eut ainsi, grâce au talent du peintre, un portrait fort ressemblant, sans que Plotin en sût rien[3].

2 Il souffrait souvent de maladie cœliaque[4] ; mais il ne voulut jamais prendre de lavements, parce que, disait-il, pareil remède n'était pas convenable pour l'homme âgé qu'il était ; il refusa aussi de prendre de la thériaque[5], disant qu'il ne portait même pas à sa bouche la nourriture constituée de la chair des animaux domestiques. Il ne se baignait pas[6], mais chaque jour, il se faisait faire des frictions chez lui : au moment où la peste fit rage[7], il arriva que les hommes qui lui faisaient ces frictions moururent, et il négligea ce genre de soin. Peu à peu, il laissa s'installer en lui une angine très grave. Tant que je fus près de lui, rien de tel ne se déclara encore ; mais, après mon départ, la maladie s'aggrava à un tel point, d'après ce que me dit, à mon retour, son compagnon Eustochius[8], resté près de lui jusqu'à sa mort, que sa voix perdit sa clarté et sa sonorité, et qu'elle devint enrouée ; sa vue s'affaiblit ; ses mains et ses pieds se couvrirent d'ulcères. Comme ses amis évitaient de le rencontrer, parce qu'il avait l'habitude de les saluer en les embrassant, il quitte la Ville, pour aller en Campanie, où il se retire dans le domaine de Zéthus,

---

3. L'épisode trouve un parallèle dans les *Actes de Jean*, 26-29.

4. Le mal de Plotin ne lui vient pas de diarrhées mais de déjections insuffisamment digérées.

5. Les antidotes « thériaques » étaient constitués à partir de chairs d'animaux, ce qui explique le refus de Plotin.

6. C'est-à-dire qu'il ne se rendait pas aux bains publics.

7. Peut-être la peste dont meurt l'empereur Claude II en 270 (voir Zosime, *Histoire nouvelle*, I, 46). Elle frappa Rome entre l'automne 265 et l'été 266.

8. On a parfois pensé qu'il a existé, avant celle de Porphyre, une édition des traités de Plotin due à ce médecin, qui soigna Plotin jusqu'à sa mort.

Ζήθου χωρίον ἑταίρου παλαιοῦ αὐτῷ γεγονότος καὶ τεθνηκότος κατάγεται. Τὰ δ᾽ ἀναγκαῖα αὐτῷ ἔκ τε τῶν τοῦ Ζήθου ἐτελεῖτο καὶ ἐκ Μιντουρνῶν ἐκομίζετο ἐκ τῶν Καστρικίου· ἐν Μιντούρναις γὰρ ὁ Καστρίκιος τὰς κτήσεις εἶχε. Μέλλων δὲ τελευτᾶν, ὡς ὁ Εὐστόχιος ἡμῖν διηγεῖτο, ἐπειδὴ ἐν Ποτιόλοις κατοικῶν ὁ Εὐστόχιος βραδέως πρὸς αὐτὸν ἀφίκετο, εἰπὼν ὅτι σὲ ἔτι περιμένω καὶ φήσας πειρᾶσθαι τὸ ἐν ἡμῖν θεῖον ἀνάγειν πρὸς τὸ ἐν τῷ παντὶ θεῖον, δράκοντος ὑπὸ τὴν κλίνην διελθόντος ἐν ᾗ κατέκειτο καὶ εἰς ὀπὴν ἐν τῷ τοίχῳ ὑπάρχουσαν ὑποδεδυκότος ἀφῆκε τὸ πνεῦμα ἔτη γεγονώς, ὡς ὁ Εὐστόχιος ἔλεγεν, ἕξ τε καὶ ἑξήκοντα, τοῦ δευτέρου ἔτους τῆς Κλαυδίου βασιλείας πληρουμένου. Τελευτῶντι δὲ αὐτῷ ἐγὼ μὲν ὁ Πορφύριος ἐτύγχανον ἐν Λιλυβαίῳ διατρίβων, Ἀμέλιος δὲ ἐν Ἀπαμείᾳ τῆς Συρίας, Καστρίκιος δὲ ἐν τῇ Ῥώμῃ· μόνος δὲ παρῆν ὁ Εὐστόχιος. Ἀναψηφίζουσι δὲ ἡμῖν ἀπὸ τοῦ δευτέρου ἔτους τῆς Κλαυδίου βασιλείας εἰς τοὐπίσω ἔτη ἕξ τε καὶ ἑξήκοντα, ὁ χρόνος αὐτῷ τῆς γενέσεως εἰς τὸ τρισκαιδέκατον ἔτος τῆς Σευήρου βασιλείας πίπτει. Οὔτε δὲ τὸν μῆνα δεδήλωκέ τινι καθ᾽ ὃν γεγένηται, οὔτε τὴν γενέθλιον ἡμέραν, ἐπεὶ οὐδὲ θύειν ἢ ἑστιᾶν τινα τοῖς αὐτοῦ γενεθλίοις ἠξίου, καίπερ ἐν τοῖς Πλάτωνος καὶ Σωκράτους παραδεδομένοις γενεθλίοις θύων τε καὶ ἑστιῶν τοὺς ἑταίρους, ὅτε καὶ λόγον ἔδει τῶν ἑταίρων τοὺς δυνατοὺς ἐπὶ τῶν συνελθόντων ἀναγνῶναι.

un de ses vieux compagnons, déjà mort à ce moment. Ce domaine lui fournissait les vivres nécessaires : on lui en apportait aussi des propriétés que Castricius[9] possédait à Minturnes (car c'est à Minturnes que Castricius avait ses biens). Quand il fut sur le point de mourir, Eustochius, qui résidait alors à Pouzzoles, arriva tardivement auprès de lui, comme il nous le raconta lui-même. Plotin lui dit : « Je t'attends encore ; » il lui dit aussi : « Je m'efforce de faire remonter ce qu'il y a de divin en moi à ce qu'il y a de divin dans l'univers. » À ce moment, un serpent passa sous le lit dans lequel il était couché, et se glissa dans un trou de la muraille[10] ; et Plotin rendit l'âme ; il était âgé, au dire d'Eustochius, de soixante-six ans ; c'était à la fin de la deuxième année du règne de Claude[11]. Au moment de sa mort, il se trouvait que moi, Porphyre, je résidais à Lilybée ; Amélius était à Apamée de Syrie, et Castricius à Rome : seul Eustochius était là. Si l'on compte soixante-six ans en arrière à partir de la deuxième année du règne de Claude, l'époque de sa naissance tombe dans la treizième année du règne de Sévère[12]. Mais il n'a jamais fait connaître à personne le mois où il était né, ni le jour de sa naissance, puisqu'il ne jugeait pas à propos qu'on fît un sacrifice ou un banquet pour son anniversaire ; pourtant, aux anniversaires traditionnels de Socrate et de Platon, il sacrifiait et il offrait un repas à ses compagnons ; ce jour-là, ceux qui en étaient capables devaient aussi lire un discours devant l'assemblée.

9. Castricius était surnommé « Firmus » (voir la note 33).
10. L'âme est souvent assimilée en Grèce ancienne à l'animal chthonien par excellence qu'est le serpent.
11. Claude II le Gothique (268-270).
12. Septime Sévère, qui règne de 193 à 211.

3 Voici ce qu'il m'a raconté de lui-même dans nos fréquentes conversations.

Il avait encore sa nourrice à l'âge où il allait à l'école de grammaire, à huit ans, et il lui découvrait le sein, dans l'intention de téter ; mais, un jour, on lui dit qu'il était un méchant enfant ; il eut honte et y renonça[13]. À vingt-huit ans il s'adonna à la philosophie ; on le mit en relation avec les célébrités d'alors à Alexandrie ; mais il sortait de leurs leçons plein de découragement et de chagrin, au point même de raconter ses impressions à un ami ; cet ami comprit le souhait de son âme, et l'amena chez Ammonius[14] qu'il ne connaissait pas encore. Dès qu'il fut entré et qu'il l'eut écouté, il dit à son compagnon : « Voilà l'homme que je cherchais. » De ce jour, il fréquenta assidûment Ammonius. Il arriva à posséder si bien la philosophie qu'il tâcha même de prendre une connaissance directe de celle qui se pratique chez les Perses et de celle qui est en honneur chez les Indiens. L'empereur Gordien[15] était alors sur le point de passer en Perse ; Plotin se présenta à son camp, et il accompagna l'armée. Il était alors dans sa trente-neuvième année ; car il avait suivi les cours d'Ammonius pendant onze ans entiers. Mais Gordien fut

13. Seul détail donné par Porphyre sur la vie de son maître avant l'âge de 28 ans.

14. On a parfois voulu identifier cet Ammonius (Ammonius « Saccas ») avec le « maître des disciplines philosophiques » évoqué par le chrétien Origène (v. 185-v. 254), lui-même souvent identifié à l'Origène platonicien dont il est question dans la suite du récit de Porphyre. Ces identifications n'ont aucun fondement solide et doivent être rejetées : voir R. Goulet, « Porphyre, Ammonius, les deux Origène et les autres », *Revue d'histoire et de philosophie religieuse*, 57, 1977, p. 471-496 ; M. Zambon, « Porfirio e Origene, uno *status quaestionis* », dans S. Morlet (éd.), *Le Traité de Porphyre contre les chrétiens : un siècle de recherches, nouvelles questions*, Paris, Institut d'Études augustiniennes, 2011, p. 107-164.

15. Gordien III règne de 238 à 244.

πέδῳ συνεισήει ἔτος ἤδη τριακοστὸν ἄγων καὶ ἔννατον. Ἔνδεκα γὰρ ὅλων ἐτῶν παραμένων τῷ Ἀμμωνίῳ συνεσχόλασε. Τοῦ δὲ Γορδιανοῦ περὶ τὴν Μεσοποταμίαν ἀναιρεθέντος μόλις φεύγων εἰς τὴν Ἀντιόχειαν διεσώθη. Καὶ Φιλίππου τὴν βασιλείαν κρατήσαντος τεσσαράκοντα γεγονὼς ἔτη εἰς τὴν Ῥώμην ἄνεισιν. Ἐρεννίῳ δὲ καὶ Ὠριγένει καὶ Πλωτίνῳ συνθηκῶν γεγονυιῶν μηδὲν ἐκκαλύπτειν τῶν Ἀμμωνίου δογμάτων ἃ δὴ ἐν ταῖς ἀκροάσεσιν αὐτοῖς ἀνεκεκάθαρτο, ἔμενε καὶ ὁ Πλωτῖνος συνὼν μέν τισι τῶν προσιόντων, τηρῶν δὲ ἀνέκπυστα τὰ παρὰ τοῦ Ἀμμωνίου δόγματα. Ἐρεννίου δὲ πρώτου τὰς συνθήκας παραβάντος, Ὠριγένης μὲν ἠκολούθει τῷ φθάσαντι Ἐρεννίῳ. Ἔγραψε δὲ οὐδὲν πλὴν τὸ περὶ τῶν δαιμόνων σύγγραμμα καὶ ἐπὶ Γαλιήνου ὅτι μόνος ποιητὴς ὁ βασιλεύς. Πλωτῖνος δὲ ἄχρι μὲν πολλοῦ γράφων οὐδὲν διετέλεσεν, ἐκ δὲ τῆς Ἀμμωνίου συνουσίας ποιούμενος τὰς διατριβάς· καὶ οὕτως ὅλων ἐτῶν δέκα διετέλεσε, συνὼν μέν τισι, γράφων δὲ οὐδέν. Ἦν δὲ ἡ διατριβή, ὡς ἂν αὐτοὺς ζητεῖν προτρεπομένου τοὺς συνόντας, ἀταξίας πλήρης καὶ πολλῆς φλυαρίας, ὡς Ἀμέλιος ἡμῖν διηγεῖτο. Προσῆλθε δὲ αὐτῷ ὁ Ἀμέλιος τρίτον ἔτος ἄγοντι ἐν τῇ Ῥώμῃ κατὰ τὸ τρίτον τῆς Φιλίππου βασιλείας ἔτος καὶ ἄχρι τοῦ πρώτου ἔτους τῆς Κλαυδίου βασιλείας παραμείνας ἔτη ὅλα συγγέγονεν εἴκοσι καὶ τέσσαρα, ἕξιν μὲν ἔχων ὅτε προσῆλθεν ἀπὸ τῆς Λυσιμάχου συνουσίας, φιλοπονίᾳ δὲ ὑπερβαλλόμενος τῶν

défait en Mésopotamie ; Plotin eut peine à s'échapper et se
réfugia à Antioche. Philippe prend alors l'empire[16], et Plotin,
âgé de quarante ans, monte à Rome. Hérennius[17], Origène[18]
et Plotin avaient convenu ensemble de tenir secrets les
doctrines d'Ammonius, que leur maître avait élucidées
pour eux dans ses leçons. Plotin tint sa promesse ; il était en
relation avec quelques personnes qui venaient le trouver ;
mais il conservait, ignorées de tous, les doctrines qu'il
avait reçues d'Ammonius. Hérennius rompit le premier la
convention, et Origène suivit Hérennius qui l'avait devancé.
Il n'écrivit que le traité *Sur les Démons*, et, sous le règne
de Gallien[19], son traité *Que le roi est seul créateur*. Pendant
fort longtemps, Plotin continua à ne rien écrire ; il faisait
des leçons d'après l'enseignement d'Ammonius. Ainsi fit-il
pendant dix ans entiers ; il avait quelques auditeurs ; mais
il n'écrivait rien. Et comme il engageait ses auditeurs à
poser eux-mêmes les questions, son cours, d'après ce que
nous a raconté Amélius, était tout à fait désordonné et les
discussions oiseuses y étaient nombreuses. Amélius vint
à son école à la troisième année de son séjour à Rome ;
c'était la troisième du règne de Philippe ; il resta jusqu'à
la première année du règne de Claude, c'est-à-dire pendant
vingt-quatre ans entiers ; lorsqu'il arriva, il possédait
la doctrine de l'école de Lysimaque[20], dont il sortait ; il
dépassait tous ceux de son âge par son ardeur au travail,
car il avait été jusqu'à mettre par écrit presque toutes les

---

16. Philippe dit « l'Arabe » (244-249).
17. Philosophe inconnu par ailleurs.
18. Il est difficile d'identifier cet Origène avec l'Origène chrétien,
comme on a cru pouvoir le faire longtemps (voir la note 14).
19. Gallien règne de 260 à 268.
20. Longin présente Lysimaque comme un stoïcien du IIIᵉ s. Un graffiti
de Thèbes en Égypte évoque un « Lysimaque, philosophe platonicien ».

doctrines de Numénius[21], à en faire un recueil, et à en apprendre par cœur le plus grand nombre. Il écrivait des notes d'après les cours de Plotin, et il en composa une centaine de livres, qu'il offrit à Hostilianus Hésychius d'Apamée[22], son fils adoptif.

4 La dixième année du règne de Gallien[23], moi, Porphyre, arrivé de Grèce avec Antoine de Rhodes[24], je rencontre Amélius ; il y avait dix-huit ans qu'il s'était attaché à Plotin ; mais il n'avait encore rien osé écrire, sauf ses *Scholies* qui n'avaient pas encore atteint le nombre de cent. Dans cette dixième année du règne de Gallien, Plotin avait à peu près cinquante-neuf ans. Moi, Porphyre, je le fréquentai pour la première fois âgé moi-même de trente ans. Depuis la première année du règne de Gallien, il fut amené à écrire sur les sujets qui se présentaient ; la dixième année, lorsque pour la première fois, moi, Porphyre, je fis sa connaissance, on trouve qu'il avait écrit vingt et un traités ; j'eus ces traités, qui n'étaient communiqués qu'à un petit nombre de personnes. Il n'était pas encore facile de se les faire communiquer et d'en prendre connaissance ; ce n'était fait, ni dans la bonne conscience, ni aisément ; et l'on choisissait soigneusement ceux qui les recevaient. Voici ces écrits (comme il ne leur avait pas donné lui-même de titres, chacun les intitulait d'une manière différente. En tout cas, les titres qui ont prévalu sont les suivants : je mettrai aussi les premiers mots de chaque traité, pour que l'on puisse reconnaître facilement, d'après ces premiers mots, chacun des traités que j'indique) :

21. Philosophe platonicien et pythagoricien de la seconde moitié du IIᵉ s.
22. Inconnu par ailleurs.
23. Porphyre compte à partir du moment où Gallien a été nommé « Auguste » (253) aux côtés de son père Valérien.
24. Seul témoignage sur ce personnage.

Περὶ τοῦ καλοῦ. Οὗ ἡ ἀρχή· τὸ καλόν ἐστι μὲν ἐν ὄψει πλεῖστον.

Περὶ ψυχῆς ἀθανασίας. Οὗ ἡ ἀρχή· εἰ δέ ἐστιν ἀθάνατος ἕκαστος.

Περὶ εἱμαρμένης. Οὗ ἡ ἀρχή· πάντα τὰ γινόμενα.

Περὶ οὐσίας τῆς ψυχῆς. Οὗ ἡ ἀρχή· τὴν τῆς ψυχῆς οὐσίαν.

Περὶ νοῦ καὶ τῶν ἰδεῶν καὶ τοῦ ὄντος. Οὗ ἡ ἀρχή· πάντες ἄνθρωποι ἐξ ἀρχῆς γενόμενοι.

Περὶ τῆς εἰς τὰ σώματα καθόδου τῆς ψυχῆς. Οὗ ἡ ἀρχή· πολλάκις ἐγειρόμενος.

Πῶς ἀπὸ τοῦ πρώτου τὸ μετὰ τὸ πρῶτον καὶ περὶ τοῦ ἑνός. Οὗ ἡ ἀρχή· εἴ τι ἐστὶ μετὰ τὸ πρῶτον.

Εἰ πᾶσαι αἱ ψυχαὶ μία. Οὗ ἡ ἀρχή· ἆρα ὥσπερ ψυχήν.

Περὶ τἀγαθοῦ ἢ τοῦ ἑνός. Οὗ ἡ ἀρχή· ἅπαντα τὰ ὄντα.

Περὶ τῶν τριῶν ἀρχικῶν ὑποστάσεων. Οὗ ἡ ἀρχή· τί ποτε ἄρα ἐστὶ τὸ πεποιηκὸς τὰς ψυχάς.

Περὶ γενέσεως καὶ τάξεως τῶν μετὰ τὸ πρῶτον. Οὗ ἡ ἀρχή· τὸ ἓν πάντα.

Περὶ τῶν δύο ὑλῶν. Οὗ ἡ ἀρχή· τὴν λεγομένην ὕλην.

Ἐπισκέψεις διάφοροι. Οὗ ἡ ἀρχή· νοῦς, φησιν, ὁρᾷ ἐνούσας ἰδέας.

Περὶ τῆς κυκλοφορίας. Οὗ ἡ ἀρχή· διὰ τί κύκλῳ κινεῖται.

1. *Du Beau* (I, 6). Début : « Le Beau se trouve surtout dans la vue… »
2. *De l'immortalité de l'âme* (IV, 7). Début : « Chacun de nous est-il immortel ? »
3. *Du destin* (III, 1). Début : « Tous les événements… »
4. *De l'essence de l'âme* (IV, 2). Début : « L'essence de l'âme… »
5. *De l'Intellect, des Idées et de l'Être* (V, 9). Début : « Tous les hommes, dès le début… »
6. *De la descente de l'âme dans les corps* (IV, 8). Début : « Souvent en m'éveillant… »
7. *Comment ce qui est après le Premier dérive du Premier : de l'Un* (V, 4). Début : « S'il y a quelque chose après le Premier… »
8. *Est-ce que toutes les âmes font une âme unique ?* (IV, 9). Début : « Est-ce que, de même que l'âme ? »
9. *Du Bien ou de l'Un* (VI, 9). Début : « Tous les êtres… »
10. *Sur les trois hypostases qui sont principes* (V, 1) Début : « D'où vient donc que les âmes… »
11. *Sur la génération et l'ordre des réalités postérieures au Premier* (V, 2). Début : « L'Un est toutes choses… »
12. *Des deux matières* (II, 4). Début : « Ce qu'on appelle la matière… »
13. *Considérations diverses* (III, 9). Début : « L'intellect, dit-il, voit les Idées qui sont en lui… »
14. *Du mouvement circulaire* (II, 2). Début : « Pourquoi le mouvement circulaire… »

Περὶ τοῦ εἰληχότος ἡμᾶς δαίμονος. Οὗ ἡ ἀρχή· τῶν μὲν αἱ ὑποστάσεις.

Περὶ εὐλόγου ἐξαγωγῆς. Οὗ ἡ ἀρχή· οὐκ ἐξάξεις, ἵνα μὴ ἐξίῃ.

Περὶ ποιότητος. Οὗ ἡ ἀρχή· ἆρα τὸ ὂν καὶ ἡ οὐσία.

Εἰ καὶ τῶν καθέκαστα εἰσὶν ἰδέαι. Οὗ ἡ ἀρχή· εἰ καὶ τῶν καθέκαστον.

Περὶ ἀρετῶν. Οὗ ἡ ἀρχή· ἐπειδὴ τὰ κακὰ ἐνταῦθα.

Περὶ διαλεκτικῆς. Οὗ ἡ ἀρχή· τίς τέχνη ἢ μέθοδος.

Πῶς ἡ ψυχὴ τῆς ἀμερίστου καὶ μεριστῆς οὐσίας μέση εἶναι λέγεται. Οὗ ἡ ἀρχή· ἐν τῷ κόσμῳ τῷ νοητῷ.

Ταῦτα μὲν οὖν εἴκοσι καὶ ἒν ὄντα, ὅτε αὐτῷ τὸ πρῶτον προσῆλθον ὁ Πορφύριος, εὕρηται γεγραμμένα· πεντηκοστὸν δὲ καὶ ἔννατον ἔτος ἦγε τότε ὁ Πλωτῖνος.

5 Συγγεγονὼς δὲ αὐτῷ τοῦτό τε τὸ ἔτος καὶ ἐφεξῆς ἄλλα ἔτη πέντε — ὀλίγον γάρ τι πρότερον τῆς δεκαετίας ἐγεγόνειν ὁ Πορφύριος ἐν τῇ Ῥώμῃ, τοῦ Πλωτίνου τὰς θερινὰς μὲν ἄγοντος ἀργούς, συνόντος δὲ ἄλλως ἐν ταῖς ὁμιλίαις — ἐν δὴ τοῖς ἓξ ἔτεσι τούτοις πολλῶν ἐξετάσεων ἐν ταῖς συνουσίαις γιγνομένων καὶ γράφειν αὐτὸν ἀξιούντων Ἀμελίου τε καὶ ἐμοῦ, γράφει μὲν περὶ τοῦ τὸ ὂν πανταχοῦ ὅλον εἶναι ἓν καὶ ταὐτὸν βιβλία δύο. Τούτων δὲ τὸ πρῶτον ἀρχὴν ἔχει· ἆρά γε ἡ ψυχὴ πανταχοῦ· τοῦ δὲ δευτέρου ἡ ἀρχή· τὸ ἓν καὶ ταὐτὸν πανταχοῦ. Γράφει δὲ ἐφεξῆς ἄλλα δύο, ὧν τὸ μὲν περὶ τοῦ τὸ ἐπέκεινα τοῦ ὄντος μὴ νοεῖν καὶ τί τὸ πρώτως νοοῦν καὶ τί τὸ δευτέρως; οὗ ἡ ἀρχή· τὸ μέν ἐστι νοοῦν ἄλλο· τὸ δὲ περὶ τοῦ δυνάμει καὶ ἐνεργείᾳ, οὗ ἡ ἀρχή· λέγεται τὸ μὲν δυνάμει.

Περὶ τῆς τῶν ἀσωμάτων ἀπαθείας. Οὗ ἡ ἀρχή·

Ces traités qui sont au nombre de vingt et un, il est
avéré qu'ils étaient écrits lorsque moi, Porphyre, je le
rencontrai pour la première fois ; Plotin était alors dans
sa cinquante-neuvième année.

5 Pendant le temps que je fus avec lui, c'est-à-dire
pendant cette année-là et les cinq années suivantes (moi,
Porphyre, j'étais arrivé à Rome peu avant la dixième année
du règne de Gallien ; Plotin prenait ses vacances d'été, mais
en tout autre temps il faisait ses cours) ; pendant ces six
années, donc, on procéda, dans les réunions de l'école, à
l'examen de bien des questions qu'Amélius et moi, nous
le priâmes de rédiger par écrit. Il écrit alors :

τὰς αἰσθήσεις οὐ πάθη λέγοντες.

Περὶ ψυχῆς πρῶτον. Οὗ ἡ ἀρχή· περὶ ψυχῆς ὅσα ἀπορήσαντας δεῖ.

Περὶ ψυχῆς δεύτερον. Οὗ ἡ ἀρχή· τί οὖν ἐρεῖ.

Περὶ ψυχῆς τρίτον ἢ περὶ τοῦ πῶς ὁρῶμεν. Οὗ ἡ ἀρχή· ἐπειδήπερ ὑπερεθέμεθα.

Περὶ θεωρίας. Οὗ ἡ ἀρχή· παίζοντες δὴ τὴν πρώτην.

Περὶ τοῦ νοητοῦ κάλλους. Οὗ ἡ ἀρχή· ἐπειδή φαμεν.

Ὅτι οὐκ ἔξω τοῦ νοῦ τὰ νοητὰ καὶ περὶ νοῦ καὶ τἀγαθοῦ. Οὗ ἡ ἀρχή· τὸν νοῦν τὸν ἀληθῆ νοῦν.

Πρὸς τοὺς γνωστικούς. Οὗ ἡ ἀρχή· ἐπειδὴ τοίνυν ἐφάνη ἡμῖν.

Περὶ ἀριθμῶν. Οὗ ἡ ἀρχή· ἆρά ἐστι τὸ πλῆθος.

Πῶς τὰ πόρρω ὁρώμενα μικρὰ φαίνεται; Οὗ ἡ ἀρχή· ἆρά γε τὰ πόρρω ὁρώμενα.

Εἰ ἐν παρατάσει χρόνου τὸ εὐδαιμονεῖν; Οὗ ἡ ἀρχή· τὸ εὐδαιμονεῖν.

premier : « Est-ce que l'âme, partout ? » Début
du second : « Le seul et même être, partout… »

et ensuite deux autres traités :

24. *Que ce qui est au delà de l'être n'intellige pas*,
    ou : *Qu'est-ce que l'être intelligeant*[25] *de premier
    rang et l'être intelligeant de second rang ?* (V,
    6). Début : « Il y a un être intelligeant qui pense
    autre chose… »
25. *Que veulent dire les termes « en puissance » et
    « en acte » ?* (II, 5). Début : « Il y a ce qu'on
    appelle en puissance… »
26. *De l'impassibilité des incorporels* (III, 6). Début :
    « En disant que les sensations ne sont pas des
    passions… »
27. *De l'âme I* (IV, 3). Début : « Toutes les difficultés
    relatives à l'âme, il faut… »
28. *De l'âme II* (IV, 4). Début : « Que dira-t-il donc ? »
29. *De l'âme III* ou : *Comment se fait la vision ?* (IV,
    5). Début : « Puisque nous avons remis… »
30. *De la contemplation* (III, 8). Début : « Par
    plaisanterie, d'abord… »
31. *De la beauté intelligible* (V, 8). Début : « Puisque
    nous disons… »
32. *Que les intelligibles ne sont pas en dehors de
    l'Intellect ; de l'Intellect et du Bien* (V, 5). Début :
    « L'Intellect, le véritable intellect… »
33. *Contre les Gnostiques* (II, 9). Début : « Puisque
    donc il nous est apparu… »
34. *Des nombres* (VI, 6). Début : « Est-ce que la

---

25. Le grec présente le participe présent du verbe *noein*, intelliger.

Περὶ τῆς δι᾽ ὅλων κράσεως. Οὗ ἡ ἀρχή· περὶ τῆς δι᾽ ὅλων λεγομένης.

Πῶς τὸ πλῆθος τῶν ἰδεῶν ὑπέστη καὶ περὶ τἀγαθοῦ; Οὗ ἡ ἀρχή· εἰς γένεσιν πέμπων ὁ θεός.

Περὶ τοῦ ἑκουσίου. Οὗ ἡ ἀρχή· ἆρ᾽ ἔστι περὶ θεῶν.

Περὶ τοῦ κόσμου. Οὗ ἡ ἀρχή· τὸν κόσμον ἀεὶ λέγοντες.

Περὶ αἰσθήσεως καὶ μνήμης. Οὗ ἡ ἀρχή· τὰς αἰσθήσεις οὐ τυπώσεις.

Περὶ τῶν τοῦ ὄντος γενῶν πρῶτον. Οὗ ἡ ἀρχή· περὶ τῶν ὄντων πόσα καὶ τίνα.

Περὶ τῶν τοῦ ὄντος γενῶν δεύτερον. Οὗ ἡ ἀρχή· ἐπειδὴ περὶ τῶν λεγομένων.

Περὶ τῶν τοῦ ὄντος γενῶν τρίτον. Οὗ ἡ ἀρχή· περὶ μὲν τῆς οὐσίας ὅπη δοκεῖ.

Περὶ αἰῶνος καὶ χρόνου. Οὗ ἡ ἀρχή· τὸν αἰῶνα καὶ τὸν χρόνον·

Ταῦτα τὰ εἴκοσι καὶ τέτταρα ὄντα ὅσα ἐν τῷ ἑξαέτει χρόνῳ τῆς παρουσίας ἐμοῦ Πορφυρίου ἔγραψεν, ἐκ προσκαίρων προβλημάτων τὰς ὑποθέσεις λαβόντα, ὡς ἐκ τῶν κεφαλαίων ἑκάστου τῶν βιβλίων ἐδηλώσαμεν, μετὰ τῶν πρὸ τῆς ἐπιδημίας ἡμῶν εἴκοσι καὶ ἑνὸς τὰ πάντα γίνεται τεσσαράκοντα πέντε.

multiplicité ?… »

35. *Pourquoi les objets éloignés paraissent-ils petits ?*
     (II, 8). Début : « Est-ce que ce que l'on voit au
     loin ? »

36. *Est-ce que le bonheur s'accroît avec le temps ?*
     (I, 5). Début : « Être heureux… »

37. *Du mélange intégral* (II, 7). Début : « Quant à
     ce qu'on appelle [mélange] intégral… »

38. *De quelle manière la multiplicité des idées vient-*
     elle à l'existence ? Du Bien (VI, 7). Début : « Le
     dieu qui envoie au devenir… »

39. *De ce qui est volontaire* (VI, 8). Début : « Est-ce
     que, au sujet des dieux ?… »

40. *Du monde* (II, 1). Début : « En disant toujours
     le monde… »

41. *De la sensation et de la mémoire* (IV, 6). Début :
     « Les sensations ne sont pas des empreintes… »

42. *Des genres de l'être I* (VI, 1). Début : « Quant
     aux êtres, combien y en a-t-il et quels sont-ils ? »

43. *Des genres de l'être II* (VI, 2). Début : « Puisque,
     au sujet de ce qu'on appelle… »

44. *Des genres de l'être III* (VI, 3). Début : « Quant
     à la substance, que semble-t-il ? »

45. *De l'éternité et du temps* (III, 7). Début :
     « L'éternité et le temps… »

Ces vingt-quatre traités qu'il écrivit pendant les six
années de mon séjour à moi, Porphyre, auprès de lui, tirant
ses arguments des problèmes qui se présentaient, comme
nous l'avons indiqué à partir des sommaires de chaque
traité, font au total, avec les vingt et un qui avaient été
écrits avant notre séjour, quarante-cinq traités.

6 Ἐν δὲ τῇ Σικελίᾳ διατρίβοντός μου — ἐκεῖ γὰρ ἀνεχώρησα περὶ τὸ πεντεκαιδέκατον ἔτος τῆς βασιλείας Γαλιήνου —, ὁ Πλωτῖνος γράψας πέντε βιβλία ἀπέστειλέ μοι ταῦτα·

Περὶ εὐδαιμονίας. Οὗ ἡ ἀρχή· τὸ εὖ ζῆν καὶ εὐδαιμονεῖν.

Περὶ προνοίας πρῶτον. Οὗ ἡ ἀρχή· τὸ μὲν αὐτομάτῳ.

Περὶ προνοίας δεύτερον. Οὗ ἡ ἀρχή· τί τοίνυν δοκεῖ περὶ τούτων.

Περὶ τῶν γνωριστικῶν ὑποστάσεων καὶ τοῦ ἐπέκεινα. Οὗ ἡ ἀρχή· ἆρα τὸ νοοῦν ἑαυτὸ ποικίλον δεῖ εἶναι.

Περὶ ἔρωτος. Οὗ ἡ ἀρχή· περὶ ἔρωτος πότερον θεός.

Ταῦτα μὲν οὖν τῷ πρώτῳ ἔτει τῆς Κλαυδίου πέμπει βασιλείας· ἀρχομένου δὲ τοῦ δευτέρου, ὅτε καὶ μετ' ὀλίγον θνήσκει, πέμπει ταῦτα·

Τίνα τὰ κακά; Οὗ ἡ ἀρχή· οἱ ζητοῦντες πόθεν τὰ κακά.

Εἰ ποιεῖ τὰ ἄστρα; Οὗ ἡ ἀρχή· ἡ τῶν ἄστρων φορά.

Τί τὸ ζῷον καὶ τίς ὁ ἄνθρωπος; Οὗ ἡ ἀρχή· ἡδοναὶ καὶ λῦπαι.

Περὶ τοῦ πρώτου ἀγαθοῦ ἢ περὶ εὐδαιμονίας. Οὗ ἡ ἀρχή· ἆρα ἄν τις ἕτερον εἴποι.

6 Tandis que je vivais en Sicile, où je m'étais retiré vers la quinzième année du règne de Gallien[26], Plotin écrivit les cinq traités suivants qu'il m'envoya :

46. *Du bonheur* (I, 4). Début : « Bien vivre et être heureux… »
47. *De la providence I* (III, 2). Début : « D'une part, spontanément… »
48. *De la providence II* (III, 3). Début : « Que paraît-il donc sur ces points ? »
49. *Des hypostases qui ont la faculté de connaître et de ce qui est au-delà* (V, 3). Début : « Est-ce que ce qui s'intellige soi-même doit être divers ? »
50. *De l'amour* (III, 5). Début : « Quant à l'amour, est-il un dieu ? »

Ces traités, il les envoie dans la première année du règne de Claude ; au début de la seconde, peu avant sa mort, il m'adresse les suivants :

51. *En quoi consistent les maux ?* (I, 8). Début : « Ceux qui cherchent d'où viennent les maux… »
52. *Les astres agissent-ils ?* (II, 3). Début : « Le mouvement des astres… »
53. *Qu'est-ce que l'être vivant ? Qu'est-ce que l'homme ?* (I, 1). Début : « Les plaisirs et les peines… »
54. *Du premier Bien* ou : *du Bonheur* (I, 7). Début : « Peut-on dire qu'il y a une différence ? »

26. C'est-à-dire vers 268.

Ταῦτα μετὰ τῶν τετταράκοντα πέντε τῶν πρώτων καὶ δευτέρων γραφέντων γίνεται τέσσαρα καὶ πεντήκοντα. Ὥσπερ δὲ ἐγράφη, τὰ μὲν κατὰ πρώτην ἡλικίαν, τὰ δὲ ἀκμάζοντος, τὰ δὲ ὑπὸ τοῦ σώματος καταπονουμένου, οὕτω καὶ τῆς δυνάμεως ἔχει τὰ βιβλία. Τὰ μὲν γὰρ πρῶτα εἴκοσι καὶ ἓν ἐλαφροτέρας ἐστὶ δυνάμεως καὶ οὐδέπω πρὸς εὐτονίαν ἀρκοῦν μέγεθος ἐχούσης, τὰ δὲ τῆς μέσης ἐκδόσεως τυχόντα τὸ ἀκμαῖον τῆς δυνάμεως ἐμφαίνει καὶ ἔστι τὰ εἰκοσιτέσσαρα πλὴν τῶν βραχέων τελεώτατα, τὰ μέντοι τελευταῖα ἐννέα ὑφειμένης ἤδη τῆς δυνάμεως γέγραπται καὶ μᾶλλόν γε τὰ τελευταῖα τέσσαρα ἢ τὰ πρὸ τούτων πέντε.

7 Ἔσχε δὲ ἀκροατὰς μὲν πλείους, ζηλωτὰς δὲ καὶ διὰ φιλοσοφίαν συνόντας Ἀμέλιόν τε ἀπὸ τῆς Τουσκίας, οὗ τὸ ὄνομα ἦν Γεντιλιανὸς τὸ κύριον, αὐτὸς δὲ διὰ τοῦ ρ Ἀμέριον αὐτὸν καλεῖν ἠξίου ἀπὸ τῆς ἀμερείας ἢ τῆς ἀμελείας πρέπειν αὐτῷ καλεῖσθαι λέγων. Ἔσχε δὲ καὶ ἰατρικόν τινα Σκυθοπολίτην Παυλῖνον ὃν ὁ Ἀμέλιος Μίκκαλον προσηγόρευε, παρακουσμάτων πλήρη γεγονότα. Ἀλλὰ μὴν καὶ Ἀλεξανδρέα Εὐστόχιον ἰατρικὸν ἔσχεν ἑταῖρον ὃς περὶ τὰ τελευταῖα τῆς ἡλικίας γνωρισθεὶς αὐτῷ διέμενε θεραπεύων ἄχρι τοῦ θανάτου καὶ μόνοις τοῖς Πλωτίνου σχολάζων ἕξιν περιεβάλλετο γνησίου φιλοσόφου. Συνῆν δὲ καὶ Ζωτικός κριτικός τε καὶ ποιητικός, ὃς καὶ τὰ Ἀντιμάχου διορθωτικὰ πεποίηται καὶ τὸν

En ajoutant les quarante-cinq de la première et de la seconde série, nous avons donc cinquante-quatre traités.

Les premiers datent de sa jeunesse, les seconds de sa maturité, les troisièmes d'une époque où son corps était fatigué : d'où les différences dans la force de la pensée. Les vingt et un premiers sont les plus légers de substance ; il n'a pas encore assez de vigueur pour atteindre à une pensée ferme. Ceux qui furent communiqués ensuite indiquent une complète maturité ; à quelques détails près, ces vingt-quatre traités sont parfaits. Quand il écrivit les neuf derniers, ses forces diminuaient, et dans les quatre derniers plus encore que dans les cinq précédents.

7 Il eut de nombreux auditeurs ; mais comme disciples fervents et qui suivaient son enseignement pour la philosophie, il y avait d'abord Amélius d'Étrurie, dont le nom de famille était Gentilianus ; Plotin préférait le nommer Amérius par un *rhô*, disant qu'il lui convenait mieux de tirer son nom du mot *amereia* (indivisibilité) que du mot *ameleia* (négligence). Il y avait encore un médecin de Scythopolis, Paulin[27] ; Amélius le surnommait Miccalos ; il avait beaucoup de connaissances mal digérées. Il avait aussi pour compagnon un médecin d'Alexandrie, Eustochius, dont il fit la connaissance à la fin de sa vie ; il continua à en recevoir les soins jusqu'à sa mort ; Eustochius se consacra aux seules doctrines de Plotin, et il acquit les dispositions d'un vrai philosophe. De son entourage faisait partie Zoticus[28], critique et poète, qui a composé des corrections aux ouvrages d'Antimaque[29] et mit

---

27. Peut-être Scythopolis en Galilée. Le personnage est inconnu par ailleurs.

28. Disciple de Plotin inconnu par ailleurs.

29. Poète ayant vécu entre la fin du ve s. et le début du ive s. avant J.-C., et apparemment prisé par Platon (voir par exemple Cicéron, *Brutus*, 51 ; 191).

Ἀτλαντικὸν εἰς ποίησιν μετέβαλε πάνυ ποιητικῶς, συγχυθεὶς δὲ τὰς ὄψεις πρὸ ὀλίγου τῆς Πλωτίνου τελευτῆς ἀπέθανεν. Ἔφθασε δὲ καὶ ὁ Παυλῖνος προαποθανὼν τοῦ Πλωτίνου. Ἔσχε δὲ καὶ Ζῆθον ἑταῖρον, Ἀράβιον τὸ γένος, Θεοδοσίου τοῦ Ἀμμωνίου γενομένου ἑταίρου εἰς γάμον λαβόντα θυγατέρα. Ἦν δὲ καὶ οὗτος ἰατρικὸς καὶ σφόδρα πεφίλητο τῷ Πλωτίνῳ· πολιτικὸν δὲ ὄντα καὶ ῥοπὰς ἔχοντα πολιτικὰς ἀναστέλλειν ὁ Πλωτῖνος ἐπειρᾶτο. Ἐχρῆτο δὲ αὐτῷ οἰκείως, ὡς καὶ εἰς τοὺς ἀγροὺς πρὸς αὐτὸν ἀναχωρεῖν πρὸ ἓξ σημείων Μιντουρνῶν ὑπάρχοντας, οὓς Καστρίκιος ἐκέκτητο ὁ Φίρμος καλούμενος, ἀνδρῶν τῶν καθ' ἡμᾶς φιλοκαλώτατος γεγονὼς καὶ τόν τε Πλωτῖνον σεβόμενος καὶ Ἀμελίῳ οἷα οἰκέτης ἀγαθὸς ἐν πᾶσιν ὑπηρετούμενος καὶ Πορφυρίῳ ἐμοὶ οἷα γνησίῳ ἀδελφῷ ἐν πᾶσι προσεσχηκώς. Καὶ οὗτος οὖν ἐσέβετο Πλωτῖνον τὸν πολιτικὸν ᾑρημένος βίον. Ἠκροῶντο δὲ αὐτοῦ καὶ τῶν ἀπὸ τῆς συγκλήτου οὐκ ὀλίγοι ὧν ἔργον ἐν φιλοσοφίᾳ μάλιστα ἐποίουν Μάρκελλος Ὀρρόντιος καὶ Σαβινίλλος. Ἦν δὲ καὶ Ῥογατιανὸς ἐκ τῆς συγκλήτου, ὃς εἰς τοσοῦτον ἀποστροφῆς τοῦ βίου τούτου προκεχωρήκει ὡς πάσης μὲν κτήσεως ἀποστῆναι, πάντα δὲ οἰκέτην ἀποπέμψασθαι,

en vers la fable de l'Atlantide dans un style très poétique[30] ;
sa vue s'affaiblit, et il mourut peu avant Plotin. Paulin
aussi devança Plotin et mourut avant lui. Il eut encore pour
compagnon Zéthus, qui était d'une famille arabe et avait
épousé la fille de ce Théodose[31] qui avait été compagnon
d'Ammonius ; c'était lui aussi un médecin, et Plotin l'aimait
beaucoup ; mais comme il avait un naturel politique, porté
à la politique, Plotin essayait de le redresser. Plotin en usait
familièrement avec lui, au point même de se retirer chez
lui dans une campagne qu'il possédait à six milles avant
Minturnes. C'était une ancienne propriété de Castricius[32],
surnommé Firmus[33]. Firmus est l'homme de notre temps
qui a le plus aimé les belles choses ; il vénérait Plotin ; il
obéissait en tout à Amélius comme un bon serviteur ; et il
m'était attaché, à moi, Porphyre, comme à un frère. Zéthus
lui aussi vénérait Plotin, bien qu'il eût choisi le genre de vie
politique. Parmi les auditeurs de Plotin, il y avait maints
sénateurs, dont Marcellus Orrontius[34] et Sabinillus[35] surtout
travaillaient à la philosophie. Rogatianus était également
sénateur ; il était arrivé à un tel détachement de cette vie
qu'il avait abandonné tous ses biens, renvoyé tous ses
serviteurs et renoncé à son rang. Étant préteur et sur le point
de partir pour le tribunal, alors que les licteurs étaient déjà

30. Zoticus aurait donc mis à exécution le projet prêté par Platon à
Solon de mettre en vers l'histoire de l'Atlantide, qu'il aurait reçue des
prêtres égyptiens (cf. *Tim.*, 21c), et que Platon lui-même transmet dans
le *Critias* et le *Timée* (20d-25d).

31. Personnage inconnu par ailleurs.

32. Celui pour qui Porphyre écrit le *De abstinentia*.

33. On peut se demander s'il ne s'agit pas du Firmus évoqué dans
l'*Histoire auguste* comme un défenseur de Zénobie (*Firmus*, 5, 1).

34. Peut-être celui auquel s'adresse Longin au début de son traité
Sur la fin (voir *VP*, 20). On se demande parfois s'il ne s'agit pas du père
de Marcella, l'épouse de Porphyre.

35. Consul ordinaire en 266 avec l'empereur Gallien.

ἀποστῆναι δὲ καὶ τοῦ ἀξιώματος, καὶ πραίτωρα προιέναι μέλλοντα παρόντων τῶν ὑπηρετῶν μήτε προελθεῖν μήτε φροντίσαι τῆς λειτουργίας, ἀλλὰ μηδὲ οἰκίαν ἑαυτοῦ ἑλέσθαι κατοικεῖν, ἀλλὰ πρός τινας τῶν φίλων καὶ συνήθων φοιτῶντα ἐκεῖ τε δειπνεῖν κἀκεῖ καθεύδειν, σιτεῖσθαι δὲ παρὰ μίαν· ἀφ' ἧς δὴ ἀποστάσεως καὶ ἀφροντιστίας τοῦ βίου ποδαγρῶντα μὲν οὕτως ὥς καὶ δίφρῳ βαστάζεσθαι, ἀναρρωσθῆναι, τὰς χεῖρας δὲ ἐκτεῖναι μὴ οἷόν τε ὄντα χρῆσθαι ταύταις πολὺ μᾶλλον εὐμαρῶς ἢ οἱ τὰς τέχνας διὰ τῶν χειρῶν μετιόντες. Τοῦτον ἀπεδέχετο ὁ Πλωτῖνος καὶ ἐν τοῖς μάλιστα ἐπαινῶν διετέλει εἰς ἀγαθὸν παράδειγμα τοῖς φιλοσοφοῦσι προβαλλόμενος. Συνῆν δὲ καὶ Σεραπίων Ἀλεξανδρεὺς ῥητορικὸς μὲν τὰ πρῶτα, μετὰ ταῦτα δὲ καὶ ἐπὶ φιλοσόφοις συνὼν λόγοις, τοῦ δὲ περὶ χρήματα καὶ τὸ δανείζειν μὴ δυνηθεὶς ἀποστῆναι ἐλαττώματος. Ἔσχε δὲ καὶ ἐμὲ Πορφύριον Τύριον ὄντα ἐν τοῖς μάλιστα ἑταῖρον, ὃν καὶ διορθοῦν αὐτοῦ τὰ συγγράμματα ἠξίου.

8 Γράψας γὰρ ἐκεῖνος δὶς τὸ γραφὲν μεταλαβεῖν οὐδέποτ' ἂν ἠνέσχετο, ἀλλ' οὐδὲ ἅπαξ γοῦν ἀναγνῶναι καὶ διελθεῖν διὰ τὸ τὴν ὅρασιν μὴ ὑπηρετεῖσθαι αὐτῷ πρὸς τὴν ἀνάγνωσιν. Ἔγραφε δὲ οὔτε εἰς κάλλος ἀποτυπούμενος τὰ γράμματα οὔτε εὐσήμως τὰς συλλαβὰς διαιρῶν οὔτε τῆς ὀρθογραφίας φροντίζων, ἀλλὰ μόνον τοῦ νοῦ ἐχόμενος, καί, ὃ πάντες ἐθαυμάζομεν, ἐκεῖνο ποιῶν ἄχρι τελευτῆς διετέλεσε. Συντελέσας γὰρ παρ' ἑαυτῷ ἀπ' ἀρχῆς ἄχρι τέλους τὸ σκέμμα, ἔπειτα εἰς γραφὴν παραδιδοὺς ἃ ἐσκέπτετο, συνεῖρεν οὕτως γράφων ἃ ἐν τῇ ψυχῇ διέθηκεν,

là, il ne voulut point y aller, et il négligea ses fonctions[36].
Mais même, il préférait ne pas habiter sa propre maison ;
il demeurait chez des amis ou des familiers, chez qui il
dînait et couchait. Il ne mangeait qu'un jour sur deux. Ce
renoncement et cette insouciance du régime, alors qu'il
était si malade de la goutte qu'on le portait en chaise, le
rétablit ; et tandis qu'il n'était même plus capable d'ouvrir
la main, il acquit plus de facilité à s'en servir que n'importe
quel artisan de métier manuel. Plotin l'aimait ; il ne cessait
de le louer par-dessus tous, et il le proposait en exemple
aux philosophes. Plotin avait aussi près de lui Sérapion
d'Alexandrie, un ancien rhéteur, qui s'adonna ensuite à la
philosophie, sans pouvoir toutefois renoncer à la bassesse
attachée à l'argent et à l'usure[37]. Moi aussi, Porphyre de
Tyr, il me comptait parmi ses compagnons les plus proches,
et il me demandait même de corriger ses écrits.

8 Il ne supportait jamais[38] de s'y reprendre à deux fois
pour écrire, et même de se relire une seule fois ou de revoir
ce qu'il avait écrit, parce que sa vue était trop faible pour
lui servir à lire. Il écrivait sans bien former ses lettres ; il ne
séparait pas nettement les syllabes ; et il n'avait nul souci
de l'orthographe. Il ne s'attachait qu'au sens ; et, ce qui
nous remplissait tous d'admiration, il continua à faire ceci[39]
jusqu'à la fin de sa vie : il composait en lui-même son traité
depuis le commencement jusqu'à la fin ; puis il confiait ses
réflexions à l'écriture, et il écrivait toutes les pensées qu'il
avait élaborées dans son âme, sans s'interrompre, comme

---

36. L'anecdote est reproduite dans le *De abstinentia*, I, 53, 3.
37. Personnage inconnu par ailleurs.
38. Ou « il n'aurait jamais supporté ».
39. Le mot *ekeino* peut renvoyer à ce qui précède, ou à ce qui suit
(voir l'article de L. Pernot signalé en bibliographie).

ὡς ἀπὸ βιβλίου δοκεῖν μεταλαβεῖν τὰ γραφόμενα· ἐπεὶ καὶ
διαλεγόμενος πρός τινα καὶ συνείρων τὰς ὁμιλίας πρὸς τῷ
σκέμματι ἦν, ὡς ἅμα τε ἀποπληροῦν τὸ ἀναγκαῖον τῆς
ὁμιλίας καὶ τῶν ἐν σκέψει προκειμένων ἀδιάκοπον τηρεῖν
τὴν διάνοιαν· ἀποστάντος γοῦν τοῦ προσδιαλεγομένου οὐδ'
ἐπαναλαβὼν τὰ γεγραμμένα, διὰ τὸ μὴ ἐπαρκεῖν αὐτῷ πρὸς
ἀνάληψιν, ὡς εἰρήκαμεν, τὴν ὅρασιν, τὰ ἑξῆς ἂν ἐπι-
συνῆψεν, ὡς μηδένα διαστήσας χρόνον μεταξὺ ὅτε τὴν
ὁμιλίαν ἐποιεῖτο. Συνῆν οὖν καὶ ἑαυτῷ ἅμα καὶ τοῖς ἄλλοις,
καὶ τήν γε πρὸς ἑαυτὸν προσοχὴν οὐκ ἄν ποτε ἐχάλασεν,
ἢ μόνον ἐν τοῖς ὕπνοις, ὃν ἂν ἀπέκρουεν ἥ τε τῆς τροφῆς
ὀλιγότης, οὐδὲ γὰρ ἄρτου πολλάκις ἂν ἥψατο, καὶ ἡ πρὸς
τὸν νοῦν αὐτοῦ διαρκὴς ἐπιστροφή.

9 Ἔσχε δὲ καὶ γυναῖκας σφόδρα προσκειμένας,
Γεμίναν τε, ἧς καὶ ἐν τῇ οἰκίᾳ κατῴκει, καὶ τὴν ταύτης
θυγατέρα Γεμίναν, ὁμοίως τῇ μητρὶ καλουμένην, Ἀμφί-
κλειάν τε τὴν Ἀρίστωνος τοῦ Ἰαμβλίχου υἱοῦ γεγονυῖαν
γυναῖκα, σφόδρα φιλοσοφίᾳ προσκειμένας. Πολλοὶ δὲ καὶ
ἄνδρες καὶ γυναῖκες ἀποθνήσκειν μέλλοντες τῶν εὐγενεσ-
τάτων φέροντες τὰ ἑαυτῶν τέκνα, ἄρρενάς τε ὁμοῦ καὶ
θηλείας, ἐκείνῳ παρεδίδοσαν μετὰ τῆς ἄλλης οὐσίας ὡς
ἱερῷ τινι καὶ θείῳ φύλακι. Διὸ καὶ ἐπεπλήρωτο αὐτῷ ἡ
οἰκία παίδων καὶ παρθένων. Ἐν τούτοις δὲ ἦν καὶ Πο-
λέμων, οὗ τῆς παιδεύσεως φροντίζων πολλάκις ἂν καὶ
μέτρα ποιοῦντος ἠκροάσατο. Ἠνείχετο δὲ καὶ τοὺς λογισ-
μοὺς ἀναφερόντων τῶν ἐκείνοις παραμενόντων καὶ τῆς
ἀκριβείας ἐπεμελεῖτο λέγων, ἕως ἂν μὴ φιλοσοφῶσιν, ἔχειν
αὐτοὺς δεῖν τὰς κτήσεις καὶ τὰς προσόδους ἀνεπάφους τε
καὶ σῳζομένας. Καὶ ὅμως τοσούτοις ἐπαρκῶν τὰς εἰς τὸν
βίον φροντίδας τε καὶ ἐπιμελείας τὴν πρὸς τὸν νοῦν τάσιν

s'il avait copié ce qu'il écrivait à partir d'un livre. Il pouvait causer avec quelqu'un et entretenir une conversation, tout en poursuivant ses réflexions ; il satisfaisait aux convenances de l'entretien, sans s'interrompre de penser aux sujets qu'il s'était proposé d'étudier. Son interlocuteur parti, sans même revoir ce qu'il avait déjà écrit (sa vue, nous l'avons dit, n'était pas assez bonne pour qu'il se relût), il y rattachait les phrases suivantes, comme si, dans l'intervalle, la conversation ne l'avait pas interrompu. Il restait donc avec lui-même, tout en étant avec les autres ; son attention à lui-même ne se relâchait jamais, sinon pendant son sommeil, qu'empêchaient d'ailleurs la maigre chère qu'il faisait (souvent il ne prenait même pas de pain) et sa conversion continuelle vers l'Intellect.

9 Il eut aussi parmi ses disciples des femmes qui lui étaient fort attachées : Gémina, dans la maison de qui il habitait ; sa fille Gémina, qui portait le même nom que sa mère ; Amphiclée, qui devint la femme d'Ariston, fils de Jamblique[40]. Ces femmes étaient très attachées à la philosophie. Beaucoup d'hommes et de femmes, des meilleures familles, au moment de mourir, lui faisaient amener leurs enfants, garçons ou filles, et ils les lui confiaient, avec toute leur fortune, comme ils les auraient confiés à un gardien sacré et divin. Aussi sa maison était remplie de jeunes garçons et de jeunes filles, entre autres Polémon ; par souci de son éducation, il l'écoutait souvent, même quand il faisait des essais poétiques. Il avait même la patience d'examiner les comptes que rendaient les tuteurs de ces enfants, et il veillait à ce qu'ils fussent exacts ; tant que ces enfants n'étaient pas des philosophes, disait-il,

40. Il s'agit peut-être de Jamblique de Chalcis.

οὐδέποτ᾽ ἂν ἐγρηγορότως ἐχάλασεν. *Ην δὲ καὶ πρῷος καὶ πᾶσιν ἐκκείμενος τοῖς ὁπωσοῦν πρὸς αὐτὸν συνήθειαν ἐσχηκόσι. Διὸ εἴκοσι καὶ ἓξ ἐτῶν ὅλων ἐν τῇ Ῥώμῃ διατρίψας καὶ πλείστοις διαιτήσας τὰς πρὸς ἀλλήλους ἀμφισβητήσεις οὐδένα τῶν πολιτικῶν ἐχθρόν ποτε ἔσχε.

10 Τῶν δὲ φιλοσοφεῖν προσποιουμένων Ὀλύμπιος Ἀλεξανδρεύς, Ἀμμωνίου ἐπ᾽ ὀλίγον μαθητὴς γενόμενος, καταφρονητικῶς πρὸς αὐτὸν ἔσχε διὰ φιλοπρωτίαν· ὃς καὶ οὕτως αὐτῷ ἐπέθετο, ὥστε καὶ ἀστροβολῆσαι αὐτὸν μαγεύσας ἐπεχείρησεν. Ἐπεὶ δὲ εἰς ἑαυτὸν στρεφομένην ᾔσθετο τὴν ἐπιχείρησιν, ἔλεγε πρὸς τοὺς συνήθεις μεγάλην εἶναι τὴν τῆς ψυχῆς τοῦ Πλωτίνου δύναμιν, ὡς ἀποκρούειν δύνασθαι τὰς εἰς ἑαυτὸν ἐπιφορὰς εἰς τοὺς κακοῦν αὐτὸν ἐπιχειροῦντας. Πλωτῖνος μέντοι τοῦ Ὀλυμπίου ἐγχειροῦντος ἀντελαμβάνετο λέγων αὐτῷ τὸ σῶμα τότε ὡς τὰ σύσπαστα βαλάντια ἕλκεσθαι τῶν μελῶν αὐτῷ πρὸς ἄλληλα συνθλιβομένων. Κινδυνεύσας δὲ ὁ Ὀλύμπιος πολλάκις αὐτὸς ⟨μᾶλλόν⟩ τι παθεῖν ἢ δρᾶσαι τὸν Πλωτῖνον ἐπαύσατο. *Ην γὰρ καὶ κατὰ γένεσιν πλέον τι ἔχων παρὰ τοὺς ἄλλους ὁ Πλωτῖνος. Αἰγύπτιος γάρ τις ἱερεὺς ἀνελθὼν εἰς τὴν Ῥώμην καὶ διά τινος φίλου αὐτῷ γνωρισθεὶς θέλων τε τῆς ἑαυτοῦ σοφίας ἀπόδειξιν δοῦναι ἠξίωσε τὸν Πλωτῖνον ἐπὶ θέαν ἀφικέσθαι τοῦ συνόντος αὐτῷ οἰκείου δαίμονος καλου-

il fallait leur conserver intacts et préservés leurs biens et leurs revenus. Et pourtant, bien qu'il épargnât tant de personnes des soucis et des soins de la vie, jamais il ne relâcha, tant qu'il veillait, sa tension vers l'Intellect. Il était d'humeur douce, et toujours à la disposition de ceux qui, d'une manière ou d'une autre, s'était attaché à lui. Aussi, pendant les vingt-six ans qu'il demeura à Rome, quoiqu'il ait été l'arbitre dans bien des querelles, il n'eut jamais un ennemi parmi les hommes politiques.

10 Entre ceux qui se donnaient l'air d'être des philosophes était Olympius d'Alexandrie[41] ; il avait été pendant quelque temps disciple d'Ammonius. Voulant être le premier, il affectait de mépriser Plotin. Même, il s'attaqua à lui, au point qu'il tenta d'attirer sur lui l'influence maligne des astres par des procédés magiques. Quand il vit que ses essais tournaient contre lui-même, il dit à ses familiers que Plotin avait une âme assez puissante pour pouvoir renvoyer les coups qu'on voulait lui porter à ceux qui tentaient de lui faire du mal. Plotin cependant s'apercevait des tentatives d'Olympius ; à ces moments, d'après lui, Olympius sentait son propre corps se contracter comme une bourse qu'on ferme, si bien que les organes se comprimaient l'un l'autre. Olympius risqua donc plusieurs fois de subir le mal qu'il voulait faire à Plotin, et il arrêta ses manœuvres.

C'est que Plotin avait, de naissance, une supériorité sur les autres hommes. Un prêtre égyptien, venu à Rome, avait fait sa connaissance par l'intermédiaire d'un ami ; pour faire montre de sa science, il demanda à Plotin de venir contempler le démon particulier qui l'assistait, en

---

41. On ne sait rien d'autre sur ce disciple d'Ammonius que ce qu'en dit Porphyre.

μένου. Τοῦ δὲ ἑτοίμως ὑπακούσαντος γίνεται μὲν ἐν τῷ Ἰσείῳ ἡ κλῆσις· μόνον γὰρ ἐκεῖνον τὸν τόπον καθαρόν φασιν εὑρεῖν ἐν τῇ Ῥώμῃ τὸν Αἰγύπτιον. Κληθέντα δὲ εἰς αὐτοψίαν τὸν δαίμονα θεὸν ἐλθεῖν καὶ μὴ τοῦ δαιμόνων εἶναι γένους· ὅθεν τὸν Αἰγύπτιον εἰπεῖν· « Μακάριος εἶ θεὸν ἔχων τὸν δαίμονα καὶ οὐ τοῦ ὑφειμένου γένους τὸν συνόντα.» Μήτε δὲ ἐρέσθαι τι ἐκγενέσθαι μήτε ἐπιπλέον ἰδεῖν παρόντα τοῦ συνθεωροῦντος φίλου τὰς ὄρνεις, ἃς κατεῖχε φυλακῆς ἕνεκα, πνίξαντος εἴτε διὰ φθόνον εἴτε καὶ διὰ φόβον τινά. Τῶν οὖν θειοτέρων δαιμόνων ἔχων τὸν συνόντα καὶ αὐτὸς διετέλει ἀνάγων αὐτοῦ τὸ θεῖον ὄμμα πρὸς ἐκεῖνον. Ἔστι γοῦν αὐτῷ ἀπὸ τῆς τοιαύτης αἰτίας καὶ βιβλίον γραφὲν περὶ τοῦ εἰληχότος ἡμᾶς δαίμονος, ὅπου πειρᾶται αἰτίας φέρειν περὶ τῆς διαφορᾶς τῶν συνόντων. Φιλοθύτου δὲ γεγονότος τοῦ Ἀμελίου καὶ τὰ ἱερὰ κατὰ νουμηνίαν καὶ τὰς ἑορτὰς ἐκπεριόντος καί ποτε ἀξιοῦντος τὸν Πλωτῖνον σὺν αὐτῷ παραλαβεῖν ἔφη· « Ἐκείνους δεῖ πρὸς ἐμὲ ἔρχεσθαι, οὐκ ἐμὲ πρὸς ἐκείνους. » Τοῦτο δὲ ἐκ ποίας διανοίας οὕτως ἐμεγαληγόρησεν, οὔτ᾽ αὐτοὶ συνεῖναι δεδυνήμεθα οὔτ᾽ αὐτὸν ἐρέσθαι ἐτολμήσαμεν.

11 Περιῆν δὲ αὐτῷ τοσαύτη περιουσία ἠθῶν κατανοήσεως, ὡς κλοπῆς ποτε γεγονυίας πολυτελοῦς περιδε-

l'évoquant. Plotin s'y prêta, et l'évocation eut lieu dans l'Iseion : car, dit-on[42], l'Égyptien n'avait pas trouvé à Rome d'autre lieu qui fût un lieu pur. Son démon fut évoqué aux yeux des assistants ; mais il vint un dieu qui n'était pas de la race des démons. Ce qui, dit-on, provoqua cette réplique de l'Égyptien à Plotin : « Bienheureux, toi qui as pour démon un dieu, et qui n'es point assisté par un être de genre inférieur. » On ne put interroger le démon ni le garder longtemps présent à la vue, parce qu'un de ses amis, spectateur de la scène, à qui on avait confié les oiseaux et qui les tenait dans sa main, les étouffa de jalousie ou peut-être de terreur. Plotin était donc assisté par un de ces démons qui se rapprochent des dieux ; constamment il dirigeait lui-même vers lui son œil divin. C'est en tout cas le motif pour lequel il écrivit son traité *Sur le démon qui nous a reçus en partage*, où il essaie de produire les causes des différences d'espèce entre les êtres qui assistent l'homme.

Amélius aimait à offrir des sacrifices ; il ne manquait pas les cérémonies de la nouvelle lune, et il célébrait toutes les fêtes du cycle. Un jour il voulut emmener Plotin avec lui ; mais Plotin lui dit : « C'est aux dieux de venir à moi, non à moi d'aller à eux. » Quelle était sa pensée en prononçant des paroles si hautes[43], c'est ce que nous-même nous ne pûmes comprendre, et nous n'osâmes pas l'interroger.

11 Il avait une connaissance extraordinaire du caractère des hommes : un jour, on vola un riche collier à Chioné, une veuve qui habitait chez lui avec ses enfants et y menait

---

42. La variante *phêsai*, proposée dans quelques témoins du texte et retenue par L. Brisson *et alii*, est grammaticalement moins satisfaisante que *phasin*.
43. La *megalêgoria* caractérisait le ton de Socrate pendant son procès, d'après Xénophon (*Apologie de Socrate*, 1).

ραίου Χιόνης, ἥτις αὐτῷ συνῴκει μετὰ τῶν τέκνων σεμνῶς
τὴν χηρείαν διεξάγουσα, καὶ ὑπ᾽ ὄψιν τοῦ Πλωτίνου
συνηγμένων τῶν οἰκείων ἐμβλέψας ἅπασιν· οὗτος, ἔφη,
ἐστὶν ὁ κεκλοφώς, δείξας ἕνα τινά. Μαστιζόμενος δὲ
ἐκεῖνος καὶ ἐπιπλεῖον ἀρνούμενος τὰ πρῶτα ὕστερον
ὡμολόγησε καὶ φέρων τὸ κλαπὲν ἀπέδωκε. Προεῖπε δ᾽ ἂν
καὶ τῶν συνόντων παίδων περὶ ἑκάστου οἷος ἀποβήσεται·
ὡς καὶ περὶ τοῦ Πολέμωνος οἷος ἔσται, ὅτι ἐρωτικὸς ἔσται
καὶ ὀλιγοχρόνιος, ὅπερ καὶ ἀπέβη. Καί ποτε ἐμοῦ Πορφυρίου ᾔσθετο ἐξάγειν ἐμαυτὸν διανοουμένου τοῦ βίου· καὶ
ἐξαίφνης ἐπιστάς μοι ἐν τῷ οἴκῳ διατρίβοντι καὶ εἰπὼν μὴ
εἶναι ταύτην τὴν προθυμίαν ἐκ νοερᾶς καταστάσεως, ἀλλ᾽
ἐκ μελαγχολικῆς τινος νόσου, ἀποδημῆσαι ἐκέλευσε.
Πεισθεὶς δὲ αὐτῷ ἐγὼ εἰς τὴν Σικελίαν ἀφικόμην Πρόβον
τινὰ ἀκούων ἐλλόγιμον ἄνδρα περὶ τὸ Λιλύβαιον διατρίβειν·
καὶ αὐτός τε τῆς τοιαύτης προθυμίας ἀπεσχόμην τοῦ τε
παρεῖναι ἄχρι θανάτου τῷ Πλωτίνῳ ἐνεποδίσθην.

12. Ἐτίμησαν δὲ τὸν Πλωτῖνον μάλιστα καὶ ἐσέφθησαν
Γαλιῆνός τε ὁ αὐτοκράτωρ καὶ ἡ τούτου γυνὴ Σαλωνίνα.
Ὁ δὲ τῇ φιλίᾳ τῇ τούτων καταχρώμενος φιλοσόφων τινὰ
πόλιν κατὰ τὴν Καμπανίαν γεγενῆσθαι λεγομένην, ἄλλως
δὲ κατηριπωμένην, ἠξίου ἀνεγείρειν καὶ τὴν πέριξ χώραν
χαρίσασθαι οἰκισθείσῃ τῇ πόλει, νόμοις δὲ χρῆσθαι τοὺς
κατοικεῖν μέλλοντας τοῖς Πλάτωνος καὶ τὴν προσηγορίαν
αὐτῇ Πλατωνόπολιν θέσθαι, ἐκεῖ τε αὐτὸς μετὰ τῶν
ἑταίρων ἀναχωρήσειν ὑπισχνεῖτο. Καὶ ἐγένετ᾽ ἂν τὸ
βούλημα ἐκ τοῦ ῥᾴστου τῷ φιλοσόφῳ, εἰ μή τινες τῶν
συνόντων τῷ βασιλεῖ φθονοῦντες ἢ νεμεσῶντες ἢ δι᾽ ἄλλην
τινὰ αἰτίαν μοχθηρὰν ἐνεπόδισαν.

la vie la plus digne. On amena tous les serviteurs à Plotin, qui les regarda tous : « Voici le voleur, dit-il », et il désigna l'un d'entre eux. L'esclave fut fouetté, et il continua d'abord à nier ; puis il avoua, il rapporta le collier volé et le rendit.

Il pouvait prédire ce que deviendrait chacun des enfants qu'il avait auprès de lui ; de Polémon par exemple, il dit qu'il serait amoureux et vivrait peu de temps, ce qui précisément arriva. Un jour, il s'aperçut que moi, Porphyre, j'avais l'intention d'abandonner la vie ; tout à coup il vint à moi (j'habitais sa maison) ; il me dit que mon désir de suicide n'était nullement raisonnable, mais venait d'une mélancolie maladive, et m'invita à voyager. Je lui obéis et allai en Sicile où j'avais su que demeurait, à Lilybée, un homme de grande réputation, nommé Probus. Je fus ainsi moi-même délivré de l'envie de mourir ; mais cela m'empêcha de rester près de Plotin jusqu'à sa mort[44].

12 Plotin était très estimé et vénéré par l'empereur Gallien et sa femme Salonine. Il profita de cette amitié pour leur demander de restaurer pour les philosophes une ville qui, paraît-il, avait existé en Campanie, et qui, d'ailleurs, était complètement détruite[45] ; on donnerait à la ville restaurée le territoire avoisinant ; ses futurs habitants devaient suivre les lois de Platon, et elle devait prendre le nom de Platonopolis ; il promettait lui-même de s'y retirer avec ses compagnons. Le philosophe aurait très facilement obtenu ce qu'il voulait, si quelques personnes de l'entourage de l'empereur n'y avaient fait obstacle par jalousie, par malveillance ou par quelque autre motif aussi méchant.

44. Voir notre introduction, p. IX-X.
45. Le site de Platonopolis correspond peut-être au domaine que possédait Cicéron entre Cumes et Bacoli et qui, au IIIe s., était tombé en désuétude.

13 Γέγονε δ' ἐν ταῖς συνουσίαις φράσαι μὲν ἱκανὸς καὶ εὑρεῖν καὶ νοῆσαι τὰ πρόσφορα δυνατώτατος, ἔν δέ τισι λέξεσιν ἁμαρτάνων· οὐ γὰρ ἂν εἶπεν ἀναμιμνήσκεται, ἀλλ' ἀναμνημίσκεται, καὶ ἄλλα τινὰ παράσημα ὀνόματα ἃ καὶ ἐν τῷ γράφειν ἐτήρει. *Ην δ' ἐν τῷ λέγειν ἡ ἔνδειξις τοῦ νοῦ ἄχρι τοῦ προσώπου αὐτοῦ τὸ φῶς ἐπιλάμποντος· ἐράσμιος μὲν ὀφθῆναι, καλλίων δὲ τότε μάλιστα ὁρώμενος· καὶ λεπτός τις ἱδρὼς ἐπέθει καὶ ἡ πραότης διέλαμπε καὶ τὸ προσηνὲς πρὸς τὰς ἐρωτήσεις ἐδείκνυτο καὶ τὸ εὔτονον. Τριῶν γοῦν ἡμερῶν ἐμοῦ Πορφυρίου ἐρωτήσαντος, πῶς ἡ ψυχὴ σύνεστι τῷ σώματι, παρέτεινεν ἀποδεικνύς, ὥστε καὶ Θαυμασίου τινὸς τοὔνομα ἐπεισελθόντος τοὺς καθόλου λόγους πράττοντος καὶ εἰς βιβλία ἀκοῦσαι αὐτοῦ λέγοντος θέλειν, Πορφυρίου δὲ ἀποκρινομένου καὶ ἐρωτῶντος μὴ ἀνέχεσθαι, [ὁ δὲ] ἔφη· «Ἀλλὰ ἂν μὴ Πορφυρίου ἐρωτῶντος λύσωμεν τὰς ἀπορίας, εἰπεῖν τι καθάπαξ εἰς τὸ βιβλίον οὐ δυνησόμεθα.»

14 Ἐν δὲ τῷ γράφειν σύντομος γέγονε καὶ πολύνους βραχύς τε καὶ νοήμασι πλεονάζων ἢ λέξεσι, τὰ πολλὰ ἐνθουσιῶν καὶ ἐκπαθῶς φράζων, καὶ τὸ συμπαθείας ἢ παραδόσεως. Ἐμμέμικται δ' ἐν τοῖς συγγράμμασι καὶ τὰ Στωικὰ λανθάνοντα δόγματα καὶ τὰ Περιπατητικά· καταπεπύκνωται δὲ καὶ ἡ Μετὰ τὰ φυσικὰ τοῦ Ἀριστοτέλους πραγματεία. Ἔλαθε δὲ αὐτὸν οὔτε γεωμετρικόν τι λεγόμενον θεώρημα οὔτ' ἀριθμητικόν, οὐ μηχανικόν, οὐκ

13 Dans ses cours, il avait la parole facile ; il avait une très grande faculté à inventer et à penser à ce qu'il fallait dire. Mais il faisait des fautes en parlant. En effet, il ne disait pas : *anamimnêsketai*, mais *anamnêmisketai*, et il commettait d'autres incorrections qu'il répétait en écrivant. Quand il parlait, on voyait l'Intellect briller sur son visage et l'éclairer de sa lumière ; d'aspect agréable, c'était à ce moment-là surtout qu'il était beau à voir ; un peu de sueur coulait sur son front ; sa douceur transparaissait ; il était bienveillant envers ceux qui le questionnaient, et avait une parole vigoureuse. En tout cas, trois jours durant, moi, Porphyre je l'interrogeai sur la manière dont l'âme est unie au corps, et il ne s'arrêta pas de me donner des démonstrations, si bien qu'un certain Thaumasius, entré dans la salle, voulut l'entendre faire une conférence générale et parler sur des textes, mais ne supporta pas ce dialogue où Porphyre faisait les questions et lui les réponses. « Mais si, dit Plotin, nous ne résolvons pas les apories suscitées par les questions de Porphyre, nous n'aurons absolument rien à dire sur le texte. »

14 Quand il écrivait, il avait un style concis, plein d'idées, bref ; ses écrits surabondent de pensées plutôt que de mots. Il écrivait surtout d'inspiration, tout passionné par son sujet, qu'il partageât les doctrines ou les exposât[46]. Sont mélangées dans ses écrits, sans qu'on s'en aperçoive, les doctrines stoïciennes aussi bien que les doctrines péripatéticiennes ; il fait aussi un emploi fréquent de la *Métaphysique* d'Aristote. Il n'ignora pas ce qu'on appelle les « théorèmes » de la géométrie, de l'arithmétique, de la mécanique, de l'optique et de la musique ; mais il n'était

---

46. Le passage en grec est probablement corrompu.

lui-même nullement préparé à traiter ces sciences à fond.
Dans ses cours, il se faisait lire d'abord les commentaires
de Sévère, de Cronius, de Numénius, de Gaïus ou d'Atticus,
et, parmi les péripatéticiens, ceux d'Aspasius, d'Alexandre,
d'Adraste ou ceux qui se trouvaient[47]. Mais aucun passage
de ces auteurs n'était lu simplement et sans plus ; il y ajoutait
des spéculations propres et originales et des explications
dans l'esprit d'Ammonius ; il se pénétrait rapidement du
sens des passages lus, et après avoir donné brièvement
le sens d'une profonde théorie, il se levait. Comme il
s'était fait lire deux traités de Longin, *Sur les Principes* et
l'*Amateur d'antiquités* : « Longin, dit-il, est un philologue,
mais nullement un philosophe. »

Un jour, Origène vint à son cours ; il rougit et voulut
se lever ; prié par Origène de parler, il dit qu'on n'en avait
plus envie, lorsqu'on était sûr de s'adresser à des gens qui
savaient ce qu'on allait dire soi-même ; il continua un peu
la discussion, et se leva pour partir.

15 J'avais lu, à la fête de Platon[48], un poème sur le
Mariage sacré[49] ; et comme une grande partie de ce poème
était dite de façon mystique, sous l'effet de l'inspiration, à
mots couverts, quelqu'un dit : « Porphyre est fou ». Plotin

47. Sévère : philosophe platonicien du IIe s. après J.-C ; Cronius :
platonicien souvent associé dans les textes à Numénius ; Gaïus et Atticus :
platoniciens du IIe s. après J.-C. ; Aspasius : aristotélicien du IIe s. après J.-C.,
maître d'Herminus, qui fut lui-même le maître d'Alexandre d'Aphrodise.
Adraste d'Aphrodise : aristotélicien du IIe s. après J.-C.

48. Les célébrations de l'anniversaire de Platon étaient courantes
dans les écoles platoniciennes.

49. Il est difficile de savoir quel était le sujet de ce poème. Dans la
République, Platon désigne par « mariage sacré » les unions qui ont lieu
dans le groupe des guerriers. Mais il semble que Porphyre ait plutôt eu
à l'esprit un propos ésotérique (peut-être une interprétation allégorique
des mythes).

σιασμοῦ ἐπικεκρυμμένως εἰρῆσθαι εἰπόντος μαίνεσθαι τὸν
Πορφύριον, ἐκεῖνος εἰς ἐπήκοον ἔφη πάντων· « Ἔδειξας
ὁμοῦ καὶ τὸν ποιητὴν καὶ τὸν φιλόσοφον καὶ τὸν ἱερο-
φάντην.» Ὅτε δὲ ὁ ῥήτωρ Διοφάνης ἀνέγνω ὑπὲρ Ἀλκι-
βιάδου τοῦ ἐν τῷ Συμποσίῳ τοῦ Πλάτωνος ἀπολογίαν
δογματίζων χρῆναι ἀρετῆς ἕνεκα μαθήσεως εἰς συνουσίαν
αὐτὸν παρέχειν ἐρῶντι ἀφροδισίου μίξεως τῷ καθηγεμόνι,
ᾖιξε μὲν πολλάκις ἀναστὰς ἀπαλλαγῆναι τῆς συνόδου,
ἐπισχὼν δ᾽ ἑαυτὸν μετὰ τὴν διάλυσιν τοῦ ἀκουστηρίου ἐμοὶ
Πορφυρίῳ ἀντιγράψαι προσέταξε. Μὴ θέλοντος δὲ τοῦ
Διοφάνους τὸ βιβλίον δοῦναι διὰ τῆς μνήμης ἀναληφθέντων
τῶν ἐπιχειρημάτων ἀντιγράψας ἐγὼ καὶ ἐπὶ τῶν αὐτῶν
ἀκροατῶν συνηγμένων ἀναγνοὺς τοσοῦτον τὸν Πλωτῖνον
ηὔφρανα, ὡς κἀν ταῖς συνουσίαις συνεχῶς ἐπιλέγειν·

βάλλ᾽ οὕτως, αἴ κέν τι φόως ἄνδρεσσι γένηαι.

Γράφοντος δὲ Εὐβούλου Ἀθήνηθεν τοῦ Πλατωνικοῦ δια-
δόχου καὶ πέμποντος συγγράμματα ὑπέρ τινων Πλατωνι-
κῶν ζητημάτων ἐμοὶ Πορφυρίῳ ταῦτα δίδοσθαι ἐποίει
καὶ σκοπεῖν καὶ ἀναφέρειν αὐτῷ τὰ γεγραμμένα ἠξίου. Προ-
σεῖχε δὲ τοῖς μὲν περὶ τῶν ἀστέρων κανόσιν οὐ πάνυ τι
μαθηματικῶς, τοῖς δὲ τῶν γενεθλιαλόγων ἀποτελεσματι-
κοῖς ἀκριβέστερον. Καὶ φωράσας τῆς ἐπαγγελίας τὸ
ἀνεχέγγυον ἐλέγχειν πολλαχοῦ καὶ [τῶν] ἐν τοῖς συγγράμμασιν οὐκ ὤκνησε.

16 Γεγόνασι δὲ κατ᾽ αὐτὸν τῶν Χριστιανῶν πολλοὶ μὲν
καὶ ἄλλοι, αἱρετικοὶ δὲ ἐκ τῆς παλαιᾶς φιλοσοφίας ἀνηγμένοι

dit, de manière à être entendu de tous : « Tu as montré à la fois le poète, le philosophe et l'hiérophante ».

Un jour, le rhéteur Diophane[50] lut une apologie en faveur de l'Alcibiade du *Banquet* de Platon ; il y soutenait qu'il faut, pour apprendre la vertu, se mettre soi-même à la disposition de son maître s'il désire un rapport sexuel. Plotin fut pris d'agacement, et il se leva plusieurs fois pour quitter l'assemblée ; mais il se contint, et, quand l'auditoire se fut séparé, il me prescrivit, à moi Porphyre, d'écrire une réponse à cette apologie. Diophane ne voulut pas me donner son livre ; je retrouvai de mémoire ses arguments, et, devant les mêmes auditeurs réunis, je lus ma réponse. Plotin en fut si satisfait que, même pendant ses cours, il répétait continuellement : « Frappe ainsi, si tu veux devenir une lumière pour les hommes[51]. »

Eubule, le diadoque de l'école platonicienne[52], lui écrivit d'Athènes, et lui envoya des traités *Sur quelques questions platoniciennes* ; c'est à moi, Porphyre, qu'il confia ces écrits et demanda de les examiner et de lui faire un rapport.

Il s'occupait des règles concernant les astres, mais pas tout à fait en mathématicien ; mais il prit une connaissance assez exacte des règles de prédiction des tireurs d'horoscope : il découvrit qu'elles n'avaient aucune garantie, et il n'hésita pas à les réfuter plusieurs fois, même dans ses écrits.

16 De son temps, il y avait beaucoup de chrétiens, et entre autres Adelphius et Aquilinus ainsi que leur entourage,

---

50. Personnage inconnu par ailleurs.

51. *Iliade*, VIII, 282.

52. Porphyre l'évoque encore dans l'*Antre des nymphes*, 6, comme l'auteur d'une *Enquête sur Mithra*.

οἳ περὶ Ἀδέλφιον καὶ Ἀκυλῖνον οἳ τὰ Ἀλεξάνδρου τοῦ Λίβυος καὶ Φιλοκώμου καὶ Δημοστράτου τοῦ Λυδοῦ συγγράμματα πλεῖστα κεκτημένοι ἀποκαλύψεις τε προφέροντες Ζωροάστρου καὶ Ζωστριανοῦ καὶ Νικοθέου καὶ Ἀλλογενοῦς καὶ Μέσου καὶ ἄλλων τοιούτων πολλοὺς ἐξηπάτων καὶ αὐτοὶ ἠπατημένοι, ὡς δὴ τοῦ Πλάτωνος εἰς τὸ βάθος τῆς νοητῆς οὐσίας οὐ πελάσαντος. Ὅθεν αὐτὸς μὲν πολλοὺς ἐλέγχους ποιούμενος ἐν ταῖς συνουσίαις, γράψας δὲ καὶ βιβλίον ὅπερ πρὸς τοὺς Γνωστικοὺς ἐπεγράψαμεν, ἡμῖν τὰ λοιπὰ κρίνειν καταλέλοιπεν. Ἀμέλιος δὲ ἄχρι τεσσαράκοντα βιβλίων προκεχώρηκε πρὸς τὸ Ζωστριανοῦ βιβλίον ἀντιγράφων. Πορφύριος δὲ ἐγὼ πρὸς τὸ Ζωροάστρου συχνοὺς πεποίημαι ἐλέγχους, [ὅπως] νόθον τε καὶ νέον τὸ βιβλίον παραδεικνὺς πεπλασμένον τε ὑπὸ τῶν τὴν αἵρεσιν συστησαμένων εἰς δόξαν τοῦ εἶναι τοῦ παλαιοῦ Ζωροάστρου τὰ δόγματα, ἃ αὐτοὶ εἵλοντο πρεσβεύειν.

des « hérétiques »[53] sortis de la philosophie ancienne.
Ils étaient en possession d'un grand nombre d'écrits
d'Alexandre de Libye, de Philocomos, de Demostratos et
de Lydos[54] ; ils montraient les apocalypses de Zoroastre,
de Zostrien, de Nicothée, d'Allogène, de Messos et autres
semblables[55]. Ils trompaient bien des gens, parce qu'ils
se trompaient eux-mêmes et croyaient que Platon n'avait
pas pénétré jusqu'au fond de l'essence intelligible. Plotin
lui-même les réfutait souvent dans ses cours, et écrivit
un traité que j'ai intitulé *Contre les Gnostiques*[56] ; mais
il nous laissa le reste à examiner. Amélius écrivit jusqu'à
quarante livres contre le livre de Zostrien. Moi, Porphyre,
j'ai adressé de nombreuses critiques au livre de Zoroastre ;
je montrai que c'était un ouvrage inauthentique et récent,
fabriqué par ceux qui avaient constitué cette « hérésie »,
pour faire croire que les doctrines qu'eux-mêmes avaient
choisi de professer étaient celles de l'antique Zoroastre[57].

---

53. Nous pensons, comme M. Tardieu (voir L. Brisson *et alii*, *Vie de Plotin…*, t. II, p. 503-563), que Porphyre dépend dans cette présentation d'un modèle hérésiologique chrétien, proche de celui qui est proposé dans la *Réfutation de toutes les hérésies*, attribuée à Hippolyte, qui suppose que la philosophie est la source (déformée) de l'hérésie. Le terme *hairetikos*, de fait, est spécifiquement chrétien. Plus bas, Porphyre joue probablement sur les deux sens possibles du mot *hairesis*, à la fois « hérésie » pour les chrétiens, et simplement « école » pour les philosophes.

54. Auteurs gnostiques sont Porphyre est le seul témoin.

55. L'*Apocalypse de Zostrien* est conservée dans le Codex VIII de Nag Hammadi. Celle de Zoroastre est perdue, mais peut-être évoquée dans le colophon qui clôt l'*Apocalypse de Zostrien*. On ne possède aucune *Apocalypse de Nicothée*. Le codex XI de Nag Hammadi renferme, en revanche, une traité dans lequel Allogène reçoit des révélations et les consigne par écrit pour son fils Messos.

56. Voir l'*Ennéade*, II, 9 (traité 33).

57. On rappellera que Porphyre est aussi l'auteur d'un traité *Contre les chrétiens*, qu'il n'évoque nulle part dans la *Vie*.

17 Τῶν δ᾽ ἀπὸ τῆς Ἑλλάδος τὰ Νουμηνίου αὐτὸν ὑποβάλλεσθαι λεγόντων καὶ τοῦτο πρὸς ᾽Αμέλιον ἀγγέλλοντος Τρύφωνος τοῦ Στωικοῦ τε καὶ Πλατωνικοῦ γέγραφεν ὁ ᾽Αμέλιος βιβλίον ὃ ἐπέγραψε μὲν περὶ τῆς κατὰ τὰ δόγματα τοῦ Πλωτίνου πρὸς τὸν Νουμήνιον διαφορᾶς, προσεφώνησε δὲ αὐτὸ Βασιλεῖ ἐμοί· Βασιλεὺς δὲ τοὔνομα τῷ Πορφυρίῳ ἐμοὶ προσῆν, κατὰ μὲν πάτριον διάλεκτον Μάλκῳ κεκλημένῳ, ὅπερ μοι καὶ ὁ πατὴρ ὄνομα κέκλητο, τοῦ δὲ Μάλκου ἑρμηνείαν ἔχοντος βασιλεύς, εἴ τις εἰς Ἑλληνίδα διάλεκτον μεταβάλλειν ἐθέλοι. Ὅθεν ὁ Λογγῖνος μὲν προσφωνῶν τὰ περὶ ὁρμῆς Κλεοδάμῳ τε κἀμοὶ Πορφυρίῳ « Κλεόδαμέ τε καὶ Μάλκε » προύγραψεν· ὁ δ᾽ ᾽Αμέλιος ἑρμηνεύσας τοὔνομα, ὡς ὁ Νουμήνιος τὸν Μάξιμον εἰς τὸν Μέγαλον, οὕτως τὸν Μάλκον οὗτος εἰς τὸν Βασιλέα γράφει.

« ᾽Αμέλιος Βασιλεῖ εὖ πράττειν. Αὐτῶν μὲν ἕνεκα τῶν πανευφήμων ἀνδρῶν οὓς διατεθρυλληκέναι σεαυτὸν φής, τὰ τοῦ ἑταίρου ἡμῶν δόγματα εἰς τὸν ᾽Απαμέα Νουμήνιον ἀναγόντων, οὐκ ἂν προηκάμην φωνήν, σαφῶς ἐπίστασο. Δῆλον γὰρ ὅτι καὶ τοῦτο ἐκ τῆς παρ᾽ αὐτοῖς ἀγαλλομένης προελήλυθεν εὐστομίας τε καὶ εὐγλωττίας, νῦν μὲν ὅτι πλατὺς φλήναφος, αὖθις δὲ ὅτι ὑποβολιμαῖος, ἐκ τρίτων δὲ ὅτι καὶ τὰ φαυλότατα τῶν ὄντων ὑποβαλλόμενος τῷ διασιλλαίνειν αὐτὸν δηλαδὴ κατ᾽ αὐτοῦ λεγόντων. Σοῦ δὲ τῇ προφάσει ταύτῃ οἰομένου δεῖν ἀποχρῆσθαι πρὸς τὸ καὶ τὰ ἡμῖν ἀρέσκοντα ἔχειν προχειρότερα εἰς ἀνάμνησιν καὶ τὰ ἐπ᾽ ὀνόματι ἑταίρου ἀνδρὸς οἵου τοῦ Πλωτίνου

17 Il y avait en Grèce des gens qui disaient que Plotin plagiait Numénius : Tryphon, celui qui était stoïcien et platonicien[58], le fit savoir à Amélius, et celui-ci écrivit un traité *Sur la différence des doctrines de Plotin et de Numénius*. Il le dédia « au roi[59] », c'est-à-dire à moi (« roi » était en effet mon nom, à moi Porphyre[60] : dans la langue de mon pays, je m'appelais Malchos, qui était aussi le nom de mon père ; Malchos se traduit par « roi », si l'on veut rendre le mot en grec. Longin, en m'adressant son livre *Sur la tendance*, à moi Porphyre, et à Cléodamos[61], commence par ces mots : « Cléodamos et Malchos » ; Amélius traduisit mon nom, et, comme Numénius changea Maximus en « Très grand », il changea Malchos en « Roi »). Voici sa lettre :

« Amélius au roi, salut. S'il s'agissait seulement de ces hommes réputés qui, me dis-tu, te rebattent les oreilles en prétendant ramener les doctrines de notre ami à celles de Numénius d'Apamée, je n'aurais pas élevé la voix, tu le sais fort bien. Tout cela n'est évidemment que pour faire montre de l'esprit et du beau langage dont ils se vantent. Ils disent tantôt 'Plotin est un intarissable bavard', tantôt 'c'est un plagiaire' ; en troisième lieu, qu' 'il copie ce qu'il y a de moins bon dans son modèle.' C'est évidemment pour le railler. Mais puisque tu juges qu'il faut profiter de l'occasion pour rendre encore plus présentes à la mémoire les opinions de notre école, et pour faire connaître dans leurs traits généraux des doctrines d'ailleurs depuis longtemps répandues sous le nom d'un compagnon qui

58. Inconnu par ailleurs.
59. L'absence d'article tend à suggérer que le mot *basileus* désigne ici non seulement « un roi », mais « le grand Roi » (le roi des Perses).
60. Selon Eunape, ce serait Longin qui aurait donné à « Malchos » le nom « Porphyre », en référence à la pourpre, symbole de la royauté (*Vies des sophistes*, 4, 1, 4 Giangrande).
61. Certainement un autre disciple de Longin, inconnu par ailleurs.

μεγάλου εἶ καὶ πάλαι διαβεβοημένα ὁλοσχερέστερον γνῶναι, ὑπήκουσα, καὶ νῦν ἥκω ἀποδιδούς σοι τὰ ἐπηγγελμένα ἐν τρισὶν ἡμέραις, ὡς καὶ αὐτὸς οἶσθα, πεπονημένα. Χρὴ δὲ αὐτὰ ὡς ἂν μὴ ἐκ τῆς τῶν συνταγμάτων ἐκείνων παραθέσεως οὔτ᾽ οὖν συντεταγμένα οὔτ᾽ ἐξειλεγμένα, ἀλλ᾽ ἀπὸ τῆς παλαιᾶς ἐντεύξεως ἀναπεπολημένα καὶ ὡς πρῶτα προὔπεσεν ἕκαστα οὕτω ταχθέντα ἐνταῦθα νῦν συγγνώμης δικαίας παρὰ σοῦ τυχεῖν, ἄλλως τε καὶ τοῦ βουλήματος τοῦ ὑπὸ τὴν πρὸς ἡμᾶς ὁμολογίαν ὑπαγομένου πρός τινων ἀνδρὸς οὐ μάλα προχείρου ἑλεῖν ὑπάρχοντος διὰ τὴν ἄλλοτε ἄλλως περὶ τῶν αὐτῶν ὡς ἂν δόξειε᾽ φοράν. Ὅτι δέ, εἴ τι τῶν ἀπὸ τῆς οἰκείας ἑστίας παραχαράττοιτο, διορθώσῃ εὐμενῶς, εὖ οἶδα. Ἠνάγκασμαι δ᾽ ὡς ἔοικεν, ὥς πού φησιν ἡ τραγῳδία, ὢν φιλοπράγμων τῇ ἀπὸ τῶν τοῦ καθηγεμόνος ἡμῶν δογμάτων διαστάσει εὐθύνειν τε καὶ ἀποποιεῖσθαι. Τοιοῦτον ἄρα ἦν τὸ σοὶ χαρίζεσθαι ἐξ ἅπαντος βούλεσθαι. Ἔρρωσο. »

18 Ταύτην τὴν ἐπιστολὴν θεῖναι προήχθην οὐ μόνον πίστεως χάριν τοῦ τοὺς τότε καὶ ἐπ᾽ αὐτοῦ γεγονότας τὰ Νουμηνίου οἴεσθαι ὑποβαλλόμενον κομπάζειν, ἀλλὰ καὶ ὅτι πλατὺν αὐτὸν φλήναφον εἶναι ἡγοῦντο καὶ κατεφρόνουν τῷ μὴ νοεῖν ἃ λέγει καὶ τῷ πάσης σοφιστικῆς αὐτὸν σκηνῆς καθαρεύειν καὶ τύφου, ὁμιλοῦντι δὲ ἐοικέναι ἐν ταῖς συνουσίαις καὶ μηδενὶ ταχέως ἐπιφαίνειν τὰς συλλογιστικὰς ἀνάγκας αὐτοῦ τὰς ἐν τῷ λόγῳ λαμβανομένας. Ἔπαθον δ᾽ οὖν τὰ ὅμοια ἐγὼ Πορφύριος, ὅτε πρῶτον αὐτοῦ ἠκροασάμην. Διὸ καὶ ἀντιγράψας προσήγαγον δεικνύναι πειρώμενος ὅτι ἔξω τοῦ νοῦ ὑφέστηκε τὰ νοητά. Ἀμέλιον δὲ ποιήσας ταῦτ᾽ ἀναγνῶναι, ἐπειδὴ ἀνέγνω, μειδιάσας « σὸν ἂν εἴη », ἔφη, « ὦ Ἀμέλιε, λῦσαι τὰς ἀπορίας, εἰς ἃς δι᾽ ἄγνοιαν τῶν ἡμῖν δοκούντων ἐμπέπτωκε ». Γράψαντος δὲ βιβλίον οὐ μικρὸν τοῦ Ἀμελίου πρὸς τὰς τοῦ Πορφυρίου ἀπορίας, καὶ αὖ πάλιν πρὸς τὰ γραφέντα ἀντιγράψαντός

est un grand homme comme l'est Plotin, je t'obéis et je
viens t'offrir l'écrit que je t'ai promis. Je n'y ai travaillé
que trois jours, tu le sais toi-même. Cet écrit, qui n'est ni
une composition d'ensemble ni une série d'extraits que
j'aurais pu tirer de la confrontation des fameux traités
du maître, mais qui est fait des souvenirs de nos anciens
entretiens, disposés à mesure qu'ils se sont présentés à moi,
doit ici maintenant trouver devant toi une juste excuse ;
songe, en particulier, que l'intention de ce Numénius, que
certains veulent amener à l'accord avec nous, n'est pas
très facile à saisir ; car, semble-t-il, selon les occasions, il
s'est exprimé différemment sur les mêmes questions. Pour
moi, si je fausse le sens de quelqu'une des doctrines de
chez nous, tu me corrigeras avec bienveillance, j'en suis
sûr. Je suis forcé à ce qu'il semble (comme le dit quelque
part la tragédie), pointilleux comme je suis, en m'écartant
des doctrines de notre maître, d'opérer des rectifications
et des rejets. Voilà comment j'ai voulu te complaire en
tout. Porte-toi bien. »

18 J'ai été conduit à produire cette lettre pour faire
voir que les gens d'alors, ses contemporains, pensaient
qu'il faisait le beau parleur tout en copiant Numénius ; ils
le considéraient aussi comme un intarissable bavard, et
ils le méprisaient en l'accusant de ne pas comprendre ce
qu'il disait, d'être entièrement affranchi de la pompe et de
l'orgueil d'un sophiste, et de donner l'impression, dans ses
cours, de converser, sans se hâter de découvrir à quiconque
l'enchaînement nécessaire de syllogismes qu'il prenait
comme point de départ dans son développement. J'éprouvai
d'ailleurs, moi, Porphyre, la même impression, lorsque je
l'eus entendu pour la première fois. Aussi, je lui présentai
une réfutation, où j'essayai de montrer que les intelligibles

μου, τοῦ δὲ Ἀμελίου καὶ πρὸς ταῦτα ἀντειπόντος, ἐκ τρίτων μόλις συνεὶς τὰ λεγόμενα ἐγὼ ὁ Πορφύριος μετεθέμην καὶ παλινῳδίαν γράψας ἐν τῇ διατριβῇ ἀνέγνων· κἀκεῖθεν λοιπὸν τά τε βιβλία τὰ Πλωτίνου ἐπιστεύθην, καὶ αὐτὸν τὸν διδάσκαλον εἰς φιλοτιμίαν προήγαγον τοῦ διαρθροῦν καὶ διὰ πλειόνων γράφειν τὰ δοκοῦντα. Οὐ μὴν ἀλλὰ καὶ Ἀμέλιον εἰς τὸ συγγράφειν πρόθυμον ἐποίησα.

19 Ἣν δὲ ἔσχε καὶ Λογγῖνος περὶ τοῦ Πλωτίνου δόξαν ἐξ ὧν μάλιστα πρὸς αὐτὸν ἐγὼ γράφων ἐσήμαινον, δηλώσει μέρος ἐπιστολῆς γραφείσης πρός με ἐπίσχον τοῦτον τὸν τρόπον. Ἀξιῶν γάρ με ἀπὸ τῆς Σικελίας κατιέναι πρὸς αὐτὸν εἰς τὴν Φοινίκην καὶ κομίζειν τὰ βιβλία τοῦ Πλωτίνου φησί·

« Καὶ σὺ μὲν ταῦτά τε πέμπειν, ὅταν σοι δοκῇ, μᾶλλον δὲ κομίζειν· οὐ γὰρ ἂν ἀποσταίην τοῦ πολλάκις δεῖσθαί σου τὴν πρὸς ἡμᾶς ὁδὸν τῆς ἑτέρωσε προκρῖναι, κἂν εἰ μηδὲν δι' ἄλλο — τί γὰρ ἂν καὶ σοφὸν παρ' ἡμῶν προσδοκῶν ἀφίκοιο ; — τήν γε παλαιὰν συνήθειαν καὶ τὸν ἀέρα μετριώτατον ὄντα πρὸς ἣν λέγεις τοῦ σώματος ἀσθένειαν· κἂν ἄλλο τι τύχῃς οἰηθείς, παρ' ἐμοῦ δὲ μηδὲν προσδοκῶν καινότερον, μηδ' οὖν τῶν παλαιῶν ὅσα φῇς ἀπολωλεκέναι. Τῶν γὰρ γραψάντων τοσαύτη σπάνις

étaient en dehors de l'Intellect. Il se la fit lire par Amélius,
puis, après la lecture, sourit en disant : « C'est ton affaire,
Amélius, de résoudre les difficultés qu'il a rencontrées
parce qu'il ignore nos opinions. » Amélius écrivit un livre
assez long *Contre les objections de Porphyre*[62] ; à mon
tour, je répliquai à son écrit ; Amélius répondit encore
à mon livre ; enfin, moi Porphyre je compris avec peine
ce que l'on disait et changeai d'opinion ; je composai
une palinodie que je lus au cours. Depuis ce temps, j'eus
pleine confiance dans les écrits de Plotin. J'inspirai à mon
maître lui-même l'ambition de détailler et de développer
ses doctrines par écrit. Et même, je portai aussi Amélius
au désir de faire des ouvrages.

19 Quelle opinion eut aussi Longin sur Plotin d'après
surtout les indications que je lui donnais en lui écrivant,
on le verra en lisant une partie d'une lettre qu'il m'avait
adressée, qui se présente ainsi. (Il m'y demandait de quitter
la Sicile pour aller le voir en Phénicie et lui apporter les
livres de Plotin) :

« Et toi, envoie-moi les livres quand il te plaira,
ou plutôt apporte-les moi. Je ne me lasserai point de te
demander encore et encore de préférer à toutes la route
qui conduit chez moi ; et si tu n'as pas d'autres motifs
(car, quel savoir pourrais-tu espérer apprendre de nous,
en venant ici ?), songe du moins à nos vieilles relations
et à notre climat tempéré qui convient à la faiblesse de ta
santé. Si par hasard tu penses trouver ici autre chose, ne
t'attends pas à ce que je t'apporte du nouveau, ni à ce que
je te rende ces anciens écrits que tu me dis avoir perdus.

---

62. Le fait que Porphyre, pour une fois, ne dise pas « moi Porphyre »,
tend à indiquer qu'il reproduit en fait le titre même de l'ouvrage.

ἐνταῦθα καθέστηκεν, ὥστε νὴ τοὺς θεοὺς πάντα τὸν χρόνον τοῦτον τὰ λειπόμενα τῶν Πλωτίνου κατασκευάζων μόλις αὐτῶν ἐπεκράτησα τὸν ὑπογραφέα τῶν μὲν εἰωθότων ἀπάγων ἔργων, πρὸς ἑνὶ δὲ τούτῳ τάξας γενέσθαι. Καὶ κέκτημαι μὲν ὅσα δοκεῖν πάντα καὶ τὰ νῦν ὑπὸ σοῦ πεμφθέντα, κέκτημαι δὲ ἡμιτελῶς· οὐ γὰρ μετρίως ἦν διημαρτημένα, καίτοι τὸν ἑταῖρον Ἀμέλιον ὤμην ἀναλήψεσθαι τὰ τῶν γραφέων πταίσματα· τῷ δ' ἦν ἄλλα προυργιαίτερα τῆς τοιαύτης προσεδρείας. Οὔκουν ἔχω τίνα χρὴ τρόπον αὐτοῖς ὁμιλῆσαι καίπερ ὑπερεπιθυμῶν τά τε περὶ ψυχῆς καὶ τὰ περὶ τοῦ ὄντος ἐπισκέψασθαι· ταῦτα γὰρ οὖν καὶ μάλιστα διημάρτηται. Καὶ πάνυ βουλοίμην ἂν ἐλθεῖν μοι παρὰ σοῦ τὰ μετ' ἀκριβείας γεγραμμένα τοῦ παραναγνῶναι μόνον, εἶτα ἀποπέμψαι πάλιν. Αὖθις δὲ τὸν αὐτὸν ἐρῶ λόγον, ὅτι μὴ πέμπειν, ἀλλ' αὐτὸν ἥκειν ἔχοντα μᾶλλον ἀξιῶ ταῦτά τε καὶ τῶν λοιπῶν εἴ τι διαπέφευγε τὸν Ἀμέλιον. Ἃ μὲν γὰρ ἤγαγεν, ἅπαντα διὰ σπουδῆς ἐκτησάμην. Πῶς δ' οὐκ ἔμελλον ἀνδρὸς ὑπομνήματα πάσης αἰδοῦς ἀξίου καὶ τιμῆς κτήσεσθαι; Τοῦτο γὰρ οὖν καὶ παρόντι σοι καὶ μακρὰν ἀπόντι καὶ περὶ τὴν Τύρον διατρίβοντι τυγχάνω δήπουθεν ἐπεσταλκὼς ὅτι τῶν μὲν ὑποθέσεων οὐ πάνυ με τὰς πολλὰς προσίεσθαι συμβέβηκε· τὸν δὲ τύπον τῆς γραφῆς καὶ τῶν ἐννοιῶν τἀνδρὸς τὴν πυκνότητα καὶ τὸ φιλόσοφον τῆς τῶν ζητημάτων διαθέσεως ὑπερβαλλόντως ἄγαμαι καὶ φιλῶ καὶ μετὰ τῶν ἐλλογιμωτάτων ἄγειν τὰ τούτου βιβλία φαίην ἂν δεῖν τοὺς ζητητικούς. »

20   Ταῦτα ἐπιπλέον παρατέθεικα τοῦ καθ' ἡμᾶς κριτικωτάτου γενομένου καὶ τὰ τῶν ἄλλων σχεδὸν πάντα τῶν καθ' αὐτὸν διελέγξαντος δεικνὺς οἷα γέγονεν ἡ περὶ Πλωτίνου κρίσις· καίτοι τὰ πρῶτα ἐκ τῆς τῶν ἄλλων

Les copistes sont si rares ici, que, par les dieux !, pendant tout ce temps, j'ai eu grand peine à obtenir d'eux d'achever ce qui restait des œuvres de Plotin, en déterminant mon copiste à abandonner sa besogne habituelle et à se borner à ce seul travail. Je les ai toutes, je crois, avec celles que tu viens de m'envoyer ; mais je ne les possède qu'à moitié et elles sont pleines de fautes. Je pensais que notre Amélius reverrait les erreurs des copistes ; mais il avait mieux à faire que de s'astreindre à cette révision. Je ne vois donc pas comment me servir de ces livres ; et j'ai pourtant un grand désir d'examiner les traités *Sur l'âme* et *Sur l'Être*, qui sont précisément les plus fautifs. Je voudrais bien que tu me fisses parvenir des copies exactes, simplement pour réviser les miennes ; après quoi, je te les renverrai. Mais je te répète encore de ne pas me les envoyer, mais plutôt de venir me les apporter toi-même, avec tous les ouvrages de Plotin qui ont pu échapper à Amélius. J'ai acquis avec empressement tous ceux qu'il m'a apportés. Comment ne pas avoir les ouvrages laissés par un homme si digne de respect et d'honneur ? Certes il se trouve sans doute que je te l'ai dit de près, et que je te l'ai écrit de loin, et aussi pendant ton séjour à Tyr : c'est un fait que je n'admets pas du tout la plupart des principes de Plotin. Mais j'aime extraordinairement le caractère de son style, sa pensée si dense et sa manière vraiment philosophique dont il dispose ses recherches ; et, à mon avis, ceux qui sont portés à la recherche doivent mettre ses ouvrages à côté des plus réputés. »

20 J'ai cité tout au long ces mots du plus grand critique de notre temps, de celui qui a fait l'examen de presque tous les ouvrages de son époque, pour montrer quel jugement il portait sur Plotin. Et pourtant au début, il persistait à

ἀμαθίας καταφονητικῶς ἔχων πρὸς αὐτὸν διετέλει.
Ἐδόκει δὲ ἃ ἐκτήσατο ἔκ τῶν Ἀμελίου λαβὼν ἡμαρτῆσθαι
διὰ τὸ μὴ νοεῖν τοῦ ἀνδρὸς τὴν συνήθη ἑρμηνείαν. Εἴ
γάρ τινα καὶ ἄλλα, καὶ τὰ παρ' Ἀμελίου διώρθωτο ὡς ἂν
ἐκ τῶν αὐτογράφων μετειλημμένα. Ἔτι δὲ τοῦ Λογγίνου ἃ ἐν
συγγράμματι γέγραφε περὶ Πλωτίνου τε καὶ Ἀμελίου
καὶ τῶν καθ' ἑαυτὸν γεγονότων φιλοσόφων ἀναγκαῖον παραθεῖναι, ἵνα καὶ πλήρης γένηται ἥ περὶ αὐτῶν
κρίσις οἵα γέγονε τοῦ ἐλλογιμωτάτου ἀνδρὸς καὶ ἐλεγκτι-
κωτάτου. Ἐπιγράφεται δὲ τὸ βιβλίον Λογγίνου πρὸς Πλωτῖνον καὶ Γεντιλιανὸν Ἀμέλιον περὶ τέλους. Ἔχει δὲ
τοιόνδε προοίμιον·

« Πολλῶν καθ' ἡμᾶς, ὦ Μάρκελλε, γεγενημένων φιλοσόφων οὐχ ἥκιστα παρὰ τοὺς πρώτους τῆς ἡλικίας ἡμῶν
χρόνους· ὁ μὲν γὰρ νῦν καιρὸς οὐδ' εἰπεῖν ἔστιν ὅσην
σπάνιν ἔσχηκε τοῦ πράγματος· ἔτι δὲ μειρακίων ὄντων
ἡμῶν οὐκ ὀλίγοι τῶν ἐν φιλοσοφίᾳ λόγων προέστησαν, οὓς
ἅπαντας μὲν ὑπῆρξεν ἰδεῖν ἡμῖν διὰ τὴν ἐκ παίδων ἐπὶ
πολλοὺς τόπους ἅμα τοῖς γονεῦσιν ἐπιδημίαν, συγγενέσθαι
δὲ αὐτῶν τοῖς ἐπιβιώσασι κατὰ ταὐτὸ συχνοῖς ἔθνεσι καί
πόλεσιν ἐπιμίξαντας· οἳ μὲν καὶ διὰ γραφῆς ἐπεχείρησαν
τὰ δοκοῦντα σφίσι πραγματεύεσθαι καταλιπόντες τοῖς
ἐπιγιγνομένοις τῆς παρ' αὐτῶν ὠφελείας μετασχεῖν, οἳ δ'
ἀποχρῆναι σφίσιν ἡγήσαντο τοὺς συνόντας προβιβάζειν εἰς
τὴν τῶν ἀρεσκόντων ἑαυτοῖς κατάληψιν. Ὧν τοῦ μὲν
προτέρου γεγόνασι τρόπου Πλατωνικοὶ μὲν Εὐκλείδης καὶ
Δημόκριτος καὶ Προκλῖνος ὁ περὶ τὴν Τρφάδα διατρίψας
οἵ τε μέχρι νῦν ἐν τῇ Ῥώμῃ δημοσιεύοντες Πλωτῖνος καὶ
Γεντιλιανὸς Ἀμέλιος ὁ τούτου γνώριμος, Στωικῶν δὲ
Θεμιστοκλῆς καὶ Φοιβίων οἵ τε μέχρι πρῴην ἀκμάσαντες
Ἀννιός τε καὶ Μήδιος. Περιπατητικῶν δὲ ὁ Ἀλεξανδρεὺς

le mépriser, parce qu'il se fiait à l'ignorance des autres. D'ailleurs, s'il pensa que les copies qu'il avait acquises d'Amélius étaient fautives, c'est qu'il ne connaissait pas la manière de s'exprimer habituelle à Plotin. S'il y avait des copies correctes, c'était bien celles d'Amélius, qui avaient été faites sur les exemplaires autographes. Mais il me faut encore citer tout au long un passage d'un traité de Longin sur Plotin, Amélius et les philosophes de son temps, afin de faire connaître complètement le jugement de cet homme tout à fait respecté et au goût tout à fait sûr. Ce traité est intitulé *De Longin, contre Plotin et Amélius Gentilianus, Sur la fin*[63]. En voici la préface :

« Il y a eu de notre temps, Marcellus[64], un grand nombre de philosophes, surtout aux premières années de mon âge ; mais on ne peut dire combien ils sont devenus rares aujourd'hui. Mais quand nous étions encore adolescent, il y avait beaucoup de philosophes chefs d'école. J'ai pu les voir tous, grâce aux nombreux voyages que je fis avec mes parents dès mon enfance. J'ai été en relations avec ceux d'entre eux qui vivaient encore, dans les nombreux pays et les nombreuses villes que je fréquentai. Les uns ont entrepris de traiter leurs doctrines par écrit, laissant à ceux qui viendraient après la possibilité d'en tirer profit. Les autres ont pensé qu'il suffisait de faire avancer leurs auditeurs dans l'intelligence de leurs opinions. Du premier genre étaient les platoniciens Euclide, Démocrite, Proclinus qui habitait la Troade[65], Plotin et Amélius Gentilianus, son disciple, qui encore maintenant professent à Rome ; les stoïciens Thémistocle, Phoibion, ainsi qu'Annius et

---

63. Titre générique (*De finibus*, en latin) porté par les ouvrages de morale à cette époque.
64. Marcellus Orrontius (voir § 7).
65. Trois platoniciens du milieu du IIIe s.

Ἡλιόδωρος· τοῦ δὲ δευτέρου Πλατωνικοὶ μὲν Ἀμμώνιος καὶ Ὠριγένης, οἷς ἡμεῖς τὸ πλεῖστον τοῦ χρόνου προσεφοιτήσαμεν, ἀνδράσιν οὐκ ὀλίγῳ τῶν καθ᾽ ἑαυτοὺς εἰς σύνεσιν διενεγκοῦσιν, οἵ τε Ἀθήνησι διάδοχοι Θεόδοτος καὶ Εὔβουλος· καὶ γὰρ εἴ τι τούτων γέγραπταί τισιν, ὥσπερ Ὠριγένει μὲν τὸ περὶ δαιμόνων, Εὐβούλῳ δὲ τὸ περὶ τοῦ Φιλήβου καὶ τοῦ Γοργίου καὶ τῶν Ἀριστοτέλει πρὸς τὴν Πλάτωνος πολιτείαν ἀντειρημένων, οὐκ ἐχέγγυα πρὸς τὸ μετὰ τῶν ἐξειργασμένων τὸν λόγον αὐτοὺς ἀριθμεῖν ἂν γένοιτο πάρεργον τῇ τοιαύτῃ χρησαμένων σπουδῇ καὶ μὴ προηγουμένην περὶ τοῦ γράφειν ὁρμὴν λαβόντων· τῶν δὲ Στωικῶν Ἑρμῖνος καὶ Λυσίμαχος οἵ τε ἐν ἄστει καταβιώσαντες Ἀθήναιος καὶ Μουσώνιος, καὶ Περιπατητικῶν Ἀμμώνιος καὶ Πτολεμαῖος φιλολογώτατοι μὲν τῶν καθ᾽ ἑαυτοὺς ἄμφω γενόμενοι καὶ μάλιστα ὁ Ἀμμώνιος· οὐ γὰρ ἔστιν ὅστις ἐκείνῳ γέγονεν εἰς πολυμάθειαν παραπλήσιος· οὐ μὴν καὶ γράψαντές γε τεχνικὸν οὐδέν, ἀλλὰ ποιήματα καὶ λόγους ἐπιδεικτικούς, ἅπερ οὖν καὶ σωθῆναι τῶν ἀνδρῶν τούτων οὐχ ἑκόντων οἶμαι· μὴ γὰρ ἂν αὐτοὺς δέξασθαι διὰ τοιούτων βιβλίων ὕστερον γενέσθαι γνωρίμους, ἀφέντας σπουδαιοτέροις συγγράμμασι τὴν ἑαυτῶν ἀποθησαυρίσαι διάνοιαν. Τῶν δ᾽ οὖν γραψάντων οἱ μὲν οὐδὲν πλέον ἢ συναγωγὴν καὶ μεταγραφὴν τῶν τοῖς

Médius, qui, encore hier, étaient en pleine vigueur[66] ; le péripatéticien Héliodore d'Alexandrie[67]. Du deuxième genre étaient les Platoniciens Ammonius et Origène, que nous avons fréquentés pendant la plupart de mon temps, et qui l'emportaient de beaucoup en intelligence sur tous leurs contemporains ; les diadoques de Platon à Athènes, Théodote[68] et Eubule[69] (certes, quelques-uns d'entre eux ont écrit ; on a d'Origène un traité *Sur les Démons*, d'Eubule des livres *Sur le Phibèbe, Sur le Gorgias, Sur les critiques adressées par Aristote à la République de Platon* ; mais ce n'est pas suffisant pour les compter avec ceux qui ont élaboré une doctrine par écrit ; c'était pour eux une occupation accessoire, et ils ne faisaient pas du métier d'écrivain l'objet principal de leur activité) ; les stoïciens Herminus et Lysimaque, ainsi qu'Athénée et Musonius qui vécurent à Athènes[70] ; les péripatéticiens Ammonius et Ptolémée[71], qui furent tous deux les plus grands lettrés de leur époque, spécialement Ammonius, qui n'avait pas son pareil en érudition ; ils n'ont écrit aucun ouvrage scientifique, mais seulement des poèmes et des discours épidictiques qui nous ont été gardés, d'ailleurs bien malgré eux, je crois ; ils n'auraient pas voulu rester connus par de tels livres, puisqu'ils avaient négligé de conserver leurs pensées dans des ouvrages plus sérieux.

---

66. Quatre stoïciens du IIIe s.

67. Il existe un commentaire sur l'*Éthique à Nicomaque* faussement attribué à Héliodore.

68. Platonicien du milieu du IIIe s.

69. Voir la note 52.

70. Le mot *astu* pourrait en principe désigner également Alexandrie. Herminus, Athénée, Musonius : stoïciens du milieu du IIIe s. Sur Lysimaque, voir la note 20.

71. Ammonius et Ptolémée : péripatéticiens de la première moitié du IIIe s. Le premier ne doit pas être confondu avec Ammonius Saccas.

πρεσβυτέροις συντεθέντων ἐποιήσαντο, καθάπερ Εὐκλείδης
καὶ Δημόκριτος καὶ Προκλῖνος, οἱ δὲ μικρὰ κομιδῇ
πράγματα τῆς τῶν παλαιῶν ἱστορίας ἀπομνημονεύσαντες
εἰς τοὺς αὐτοὺς τόπους ἐκείνοις ἐπεχείρησαν συντιθέναι
βιβλία, καθάπερ Ἀννιός τε καὶ Μήδιος καὶ Φοιβίων, οὗτος
μὲν ἀπὸ τῆς ἐν τῇ λέξει κατασκευῆς γνωρίζεσθαι μᾶλλον ἢ
τῆς ἐν τῇ διανοίᾳ συντάξεως ἀξιῶν· οἷς καὶ τὸν Ἡλιόδωρον
συγκατανείμειέ τις ἄν, οὐδ᾽ ἐκεῖνον παρὰ τὰ τοῖς
πρεσβυτέροις ἐν ταῖς ἀκροάσεσιν εἰρημένα πλέον τι
συμβαλλόμενον εἰς τὴν τοῦ λόγου διάρθρωσιν· οἱ δὲ καὶ
πλήθει προβλημάτων ἃ μετεχειρίσαντο τὴν σπουδὴν τοῦ
γράφειν ἀποδειξάμενοι καὶ τρόπῳ θεωρίας ἰδίῳ χρησάμενοι
Πλωτῖνός εἰσι καὶ Γεντιλιανὸς Ἀμέλιος, ὁ μέν τὰς
Πυθαγορείους ἀρχὰς καὶ Πλατωνικάς, ὡς ἐδόκει, πρὸς
σαφεστέραν τῶν πρὸ αὐτοῦ καταστησάμενος ἐξήγησιν·
οὐδὲ γὰρ οὐδ᾽ ἐγγύς τι τὰ Νουμηνίου καὶ Κρονίου καὶ
Μοδεράτου καὶ Θρασύλλου τοῖς Πλωτίνου περὶ τῶν αὐτῶν
συγγράμμασιν εἰς ἀκρίβειαν· ὁ δὲ Ἀμέλιος κατ᾽ ἴχνη μὲν
τούτου βαδίζειν προαιρούμενος καὶ τὰ πολλὰ μὲν τῶν αὐτῶν
δογμάτων ἐχόμενος, τῇ δὲ ἐξεργασίᾳ πολὺς ὢν καὶ τῇ τῆς
ἑρμηνείας περιβολῇ πρὸς τὸν ἐναντίον ἐκείνῳ ζῆλον
ὑπαγόμενος, ὧν καὶ μόνων ἡμεῖς ἄξιον εἶναι νομίζομεν
ἐπισκοπεῖσθαι τὰ συγγράμματα. Τοὺς μὲν γὰρ λοιποὺς τί
τις ἂν κινεῖν οἴοιτο δεῖν ἀφεὶς ἐξετάζειν ἐκείνους, παρ᾽
ὧν ταῦτα λαβόντες οὗτοι γεγράφασιν οὐδὲν αὐτοὶ παρ᾽
αὐτῶν προσθέντες οὐχ ὅτι τῶν κεφαλαίων, ἀλλ᾽ οὐδὲ τῶν
ἐπιχειρημάτων, οὐδ᾽ οὖν ἢ συναγωγῆς τῶν παρὰ τοῖς
πλείοσιν ἢ κρίσεως τοῦ βελτίονος ἐπιμεληθέντες. Ἤδη

Parmi ceux qui ont écrit, les uns n'ont fait que réunir ou réécrire les ouvrages composés par leurs prédécesseurs ; c'est ce qu'ont fait Euclide, Démocrite et Proclinus ; d'autres ont recueilli quelques traits tout à fait anecdotiques sur les anciens, et ont entrepris de composer des livres sur les mêmes sujets qu'eux ; c'est le cas d'Annius, de Médius et de Phoibion ; celui-ci voulait se faire connaître par un style soigné, plutôt que par une pensée vigoureusement ordonnée ; on leur joindra aussi Héliodore, qui reproduisait les leçons de ses prédécesseurs sans y ajouter, lui non plus, rien qui concourût à l'articulation du discours. D'autres enfin ont fait preuve d'un grand labeur d'écrivains, en s'attaquant à un très grand nombre de problèmes et en les traitant d'une manière personnelle ; ce sont Plotin et Amélius Gentilianus ; l'un a pris comme base, semble-t-il, les principes de Pythagore et de Platon, pour donner une explication plus claire de ce qui avait été dit avant lui ; et les écrits de Numénius, de Cronius, de Modératus et de Thrasylle[72] sont loin d'approcher en exactitude de ceux que Plotin a composés sur les mêmes sujets. Quant à Amélius, il veut seulement marcher sur les traces de Plotin, dont il suit en général les mêmes doctrines ; mais verbeux dans sa composition et dans la prolixité de son expression, il est amené à une manière opposée à celle de Plotin. Ce sont les deux seuls dont nous pensons devoir examiner les écrits. Pourquoi penserait-on devoir mettre en question les autres écrivains, quand on a négligé d'examiner ceux-là même dont ils ont pris les principes pour écrire, sans rien ajouter eux-mêmes d'eux-mêmes, non seulement pour ce qui concerne les points capitaux, mais encore des arguments

---

72. Modératus : pythagoricien de la fin du Iᵉʳ s. après J.-C. ; Thrasylle d'Alexandrie : astrologue mort en 36 après J.-C.

même, et sans s'occuper de rassembler les doctrines les plus répandues et de choisir ce qu'il y a de meilleur ? Nous l'avons déjà fait ailleurs, dans notre réponse à Gentilianus sur la justice selon Platon, et dans notre examen du traité de Plotin *Sur les Idées*[73]. Car notre compagnon commun, le roi de Tyr, qui a lui-même beaucoup écrit en imitant Plotin, et qui a préféré son enseignement au mien, avait tenté de démontrer dans un traité que l'opinion de Plotin sur les idées valait mieux que la nôtre ; nous croyons avoir suffisamment montré, dans notre réponse, qu'il eut tort de composer sa palinodie et dans cet ouvrage, nous avons mis en question de nombreuses opinions de ces philosophes. Nous avons fait de même dans notre lettre à Amélius, qui est aussi longue qu'un traité ; c'est une réponse à certaines des observations qu'il nous avait envoyés de Rome, et qu'il avait intitulés lui-même : *Du Caractère de la philosophie de Plotin* ; mais nous, nous nous sommes contenté du titre ordinaire pour ce genre d'ouvrage, en l'appelant : *Réponse à la lettre d'Amélius.* »

21 Voilà donc un passage où il a reconnu que Plotin et Amélius l'emportaient sur tous ses contemporains, par l'abondance des problèmes qu'ils posent, et que, plus que personne, ils ont mis en œuvre un genre original de réflexion ; loin de copier Numénius et de se faire les hérauts de sa doctrine, ils ont suivi les doctrines des pythagoriciens et de Platon lui-même[74] ; les écrits de Numénius, de Cronius, de Modératus, de Thrasylle n'approchent pas, pour l'exactitude, des écrits de Plotin sur les mêmes sujets.

---

73. Peut-être le traité 32 (*Ennéades*, V, 5).
74. Nous suivons sous toute réserve la conjecture défendue par L. Brisson *et alii*, qui suppose *Platônos* au lieu de *elomenou*, terme difficilement compréhensible ici.

εἰς ἀκρίβειαν ». Εἰπὼν δὲ περὶ Ἀμελίου, ὅτι « κατ᾽ ἴχνη μὲν τοῦ Πλωτίνου ἐβάδιζε, τῇ δὲ ἐξεργασίᾳ πολὺς ὢν καὶ τῇ τῆς ἑρμηνείας περιβολῇ πρὸς τὸν ἐναντίον ἐκείνῳ ζῆλον ὑπήγετο », ὅμως μνησθεὶς ἐμοῦ Πορφυρίου ἔτι ἀρχὰς ἔχοντος τῆς πρὸς τὸν Πλωτῖνον συνουσίας φησὶν ὅτι « ὁ δὲ κοινὸς ἡμῶν τε κἀκείνων ἑταῖρος Βασιλεὺς ὁ Τύριος οὐδ᾽ αὐτὸς ὀλίγα πεπραγματευμένος κατὰ τὴν Πλωτίνου μίμησιν συνέθηκε », ταῦτα ὄντως κατιδὼν ὅτι τῆς Ἀμελίου περιβολῆς τὸ ἀφιλόσοφον παντελῶς ἐφυλαξάμην καὶ πρὸς ζῆλον τὸν Πλωτίνου γράφων ἀφεώρων. Ἀρκεῖ τοίνυν ὁ τοσοῦτος ἀνὴρ καὶ ἐν κρίσει πρῶτος ὢν καὶ ὑπειλημμένος ἄχρι νῦν τοιαῦτα γράφων περὶ Πλωτίνου, ὡς εἰ καὶ καλοῦντί με τὸν Πορφύριον συνέβη δυνηθῆναι συμμῖξαι αὐτῷ, οὐδ᾽ ἂν ἀντέγραψεν, ἃ πρὶν ἀκριβῶσαι τὸ δόγμα γράψαι ἐπεχείρησεν.

22 Ἀλλὰ τιή μοι ταῦτα περὶ δρῦν ἢ περὶ πέτραν ; φησὶν ὁ Ἡσίοδος λέγων. Εἰ γὰρ δεῖ ταῖς μαρτυρίαις χρῆσθαι ταῖς παρὰ τῶν σοφῶν γεγενημέναις, τίς ἂν εἴη σοφώτερος θεοῦ, καὶ θεοῦ τοῦ ἀληθῶς εἰρη-κότος·

Οἶδα δ᾽ ἐγὼ ψάμμου τ᾽ ἀριθμὸν καὶ μέτρα θαλάσσης
καὶ κωφοῦ ξυνίημι καὶ οὐ λαλέοντος ἀκούω ;

Ὁ γὰρ δὴ Ἀπόλλων ἐρομένου τοῦ Ἀμελίου, ποῦ ἡ Πλωτίνου ψυχὴ κεχώρηκεν, ὁ τοσοῦτον εἰπὼν περὶ Σωκράτους·

Il dit d'Amélius qu'il a marché sur les traces de Plotin, mais que, verbeux dans sa composition et dans la prolixité de son expression par la variété de sa composition, il fut amené à une manière opposée à celle de Plotin. Cependant, il a fait mention de moi, Porphyre, alors que je faisais encore mes débuts à l'école de Plotin, en disant : « Notre compagnon commun, le roi de Tyr, a lui-même aussi beaucoup écrit dans des compositions qui imitent Plotin » ; il a bien vu ainsi que j'évitais tout à fait la prolixité d'Amélius, si peu convenable à un philosophe, et que je visais à imiter la manière de Plotin. Qu'un homme si considérable, qui est le premier critique de notre temps et qui passe encore pour tel jusqu'à aujourd'hui, ait écrit de telles paroles au sujet de Plotin, c'en est assez pour faire voir que si j'avais pu le rejoindre quand il m'y engageait, il n'aurait pas même écrit l'essai qu'il a composé contre la doctrine de Plotin, avant de le connaître exactement.

22 « Mais pourquoi dirais-je cela sous le chêne et auprès du rocher ? » comme dit Hésiode[75]. Si, en effet, il faut en appeler aux témoignages des sages, qu'y a-t-il de plus sage qu'un dieu, et que le dieu qui a dit avec vérité : « Je connais le nombre des grains de sable, et les bornes de la mer ; je comprends le muet ; j'entends celui qui ne parle pas[76] ? » Apollon, donc, interrogé par Amélius sur l'endroit où s'était retirée l'âme de Plotin, Apollon qui a dit de Socrate : « Socrate, le plus sage de tous les hommes[77] »,

---

75. *Théogonie*, v. 35.
76. Cf. Hérodote, *Histoires*, I, 47.
77. Version métrique du célèbre oracle dont il est question chez Platon (*Apologie de Socrate*, 21a) et Xénophon (*Apologie de Socrate*, 14). Cette version se retrouve aussi chez Diogène Laërce, II, 37.

Ἀνδρῶν ἀπάντων Σωκράτης σοφώτατος,
ἐπάκουσον, ὅσα καὶ οἷα περὶ Πλωτίνου ἐθέσπισεν·
Ἄμβροτα φορμίζειν ἀναβάλλομαι ὕμνον ἀοιδῆς
ἀμφ᾽ ἀγανοῖο φίλοιο μελιχροτάτῃσιν ὑφαίνων
φωναῖς εὐφήμου κιθάρης χρυσέῳ ὑπὸ πλήκτρῳ.
Κλήζω καὶ Μούσας ξυνὴν ὄπα γηρύσασθαι
παμφώνοις ἰαχῇσι παναρμονίοισί τ᾽ ἐρωαῖς,
οἷον ἐπ᾽ Αἰακίδῃ στῆσαι χορὸν ἐκλήιχθεν
ἀθανάτων μανίῃσιν Ὁμηρείῃσί τ᾽ ἀοιδαῖς.
Ἀλλ᾽ ἄγε Μουσάων ἱερὸς χορός, ἠπύσωμεν
εἰς ἓν ἐπιπνείοντες ἀοιδῆς τέρματα πάσης·
ὔμμι καὶ ἐν μέσσῃσιν ἐγὼ Φοῖβος βαθυχαίτης·
δαῖμον, ἄνερ τὸ πάροιθεν, ἀτὰρ νῦν δαίμονος αἴσῃ
θειοτέρῃ πελάων, ὅτ᾽ ἐλύσαο δεσμὸν ἀνάγκης
ἀνδρομέης, ῥεθέων δὲ πολυφλοίσβοιο κυδοιμοῦ
ῥωσάμενος πραπίδεσσιν ἐς ἠόνα νηχύτου ἀκτῆς
νῆχε᾽ ἐπειγόμενος δήμου ἀπονόσφιν ἀλιτρῶν
στηρίξαι καθαρῆς ψυχῆς εὐκαμπέα οἴμην,
ᾗχι θεοῖο σέλας περιλάμπεται, ᾗχι θέμιστες
ἐν καθαρῷ ἀπάτερθεν ἀλιτροσύνης ἀθεμίστου.
Καὶ τότε μὲν σκαίροντι πικρὸν κῦμ᾽ ἐξυπαλύξαι
αἱμοβότου βιότοιο καὶ ἀσηρῶν ἰλίγγων
ἐν μεσάτοισι κλύδωνος ἀνωίστου τε κυδοιμοῦ
πολλάκις ἐκ μακάρων φάνθη σκοπὸς ἐγγύθι ναίων.
Πολλάκι σεῖο νόοιο βολὰς λοξῇσιν ἀταρποῖς
ἱεμένας φορέεσθαι ἐρωῇσιν σφετέρῃσιν
ὀρθοπόρους ἀνὰ κύκλα καὶ ἄμβροτον οἶμον ἄειραν
ἀθάνατοι θαμινὴν φαέων ἀκτῖνα πορόντες
ὄσσοισιν δέρκεσθαί ἀπὸ σκοτίης λυγαίης.
Οὐδέ σε παμπήδην βλεφάρων ἔχε νήδυμος ὕπνος·
ἀλλ᾽ ἄρ᾽ ἀπὸ βλεφάρων πετάσας κηλῖδα βαρεῖαν
ἀχλύος ἐν δίνῃσι φορεύμενος ἔδρακες ὄσσοις
πολλά τε καὶ χαρίεντα, τά κεν ῥέα οὔτις ἴδοιτο

écoutez ce qu'il répondit, au sujet de Plotin, dans ce long et bel oracle :

« Je prélude à un hymne immortel en l'honneur d'un doux ami en l'accompagnant de la musique tout à fait douce comme le miel que mon plectre d'or tire de ma cithare mélodieuse. J'appelle aussi les muses afin qu'elles unissent leurs voix variées en un chant harmonieux et passionné, comme elles ont été appelées à former, en l'honneur du fils d'Éaque, un chœur où leurs transports divins se mêlèrent aux chants d'Homère. Allons ! chœur sacré des muses, que nos voix s'unissent pour chanter un chant qui dépasse tous les autres. Je suis au milieu de vous, moi, Phébus à la longue chevelure.

« Démon, qui fus autrefois un homme, mais qui maintenant partages le sort plus divin des démons, après t'être délivré des liens de la nécessité qui enchaîne les hommes, tu as trouvé en ton cœur la force d'échapper à la tempête écumante des passions du corps, et d'atteindre à la nage, loin du peuple des criminels, un rivage sec, où assurer, à ton âme purifiée, une marche droite. Là brille l'éclat de Dieu. En ce lieu pur se trouvent les justes lois, bien loin du crime et de l'injustice. Autrefois quand tu t'agitais pour fuir les flots amers de cette vie avide de sang et pour échapper au vertige et à la nausée, t'apparut souvent, au milieu de la tempête et du tumulte déchaînés, du séjour des Bienheureux, la vision du but tout proche. Souvent, les regards de ton esprit, qui, de leur propre impulsion, se portaient par les chemins obliques, furent élevés par les Immortels jusqu'aux sphères dont la course est immuable et éternelle ; et ils t'accordaient fréquemment de voir le rayonnement de leur lumière, du sein de l'obscurité et des ténèbres. Mais tes paupières ne furent pas complètement fermées par un sommeil invincible ; soulevant tes paupières, tu entr'ouvrais

ἀνθρώπων, ὅσσοι σοφίης μαιήτορες ἔπλευν.
Νῦν δ᾽ ὅτε δὴ σκῆνος μὲν ἐλύσαο, σῆμα δ᾽ ἔλειψας
ψυχῆς δαιμονίης, μεθ᾽ ὁμήγυριν ἔρχεαι ἤδη
δαιμονίην ἐρατοῖσιν ἀναπνείουσαν ἀήταις,
ἔνθ᾽ ἔνι μὲν φιλότης, ἔνι δ᾽ ἵμερος ἁβρὸς ἰδέσθαι,
εὐφροσύνης πλείων καθαρῆς, πληρούμενος αἰὲν
ἀμβροσίων ὀχετῶν θεόθεν ὅθεν ἐστὶν ἐρώτων
πείσματα, καὶ γλυκερὴ πνοιὴ καὶ νήνεμος αἰθήρ·
χρυσείης γενεῆς μεγάλου Διὸς ἧχι νέμονται
Μίνως καὶ Ῥαδάμανθυς ἀδελφεοί, ἧχι δίκαιος
Αἰακός, ἧχι Πλάτων, ἱερὴ ἴς, ἧχι τε καλός
Πυθαγόρης ὅσσοι τε χορὸν στήριξαν ἔρωτος
ἀθανάτου, ὅσσοι γενεὴν ξυνὴν ἐλάχοντο
δαίμοσιν ὀλβίστοις, ὅθι τοι κέαρ ἐν θαλίῃσιν
αἰὲν ἐυφροσύνῃσιν ἰαίνεται. *Α μάκαρ, ὅσσους
ὀτλήσας ἀριθμοὺς ἀέθλων μετὰ δαίμονας ἁγνοὺς
πωλέεαι ζαμένεσσι κορυσσάμενος ζωῇσι.
Στήσωμεν μολπήν τε χοροῦ τ᾽ εὐδινέα κύκλον
Πλωτίνου, Μοῦσαι πολυγηθέες· αὐτὰρ ἐμεῖο
χρυσείη κιθάρη τόσσον φράσεν εὐαίωνι.

23 Ἐν δὴ τούτοις εἴρηται μὲν ὅτι « ἀγαθὸς γέγονε καὶ
ἤπιος καὶ πρῃός γε μάλιστα καὶ μείλιχος », ἅπερ καὶ ἡμεῖς
ὄντως ἔχοντι συνῄδειμεν· εἴρηται δ᾽ ὅτι « ἄγρυπνος καὶ
καθαρὰν τὴν ψυχὴν ἔχων καὶ ἀεὶ σπεύδων πρὸς τὸ θεῖον,
οὗ διὰ πάσης τῆς ψυχῆς ἤρα, ὅτι τε πάντ᾽ ἐποίει ἀπαλλαγῆναι, πικρὸν κῦμ᾽ ἐξυπαλύξαι τοῦ αἱμοβότου τῇδε
βίου ». Οὕτως δὲ μάλιστα τούτῳ τῷ δαιμονίῳ φωτὶ πολλάκις
ἀνάγοντι ἑαυτὸν εἰς τὸν πρῶτον καὶ ἐπέκεινα θεὸν ταῖς
ἐννοίαις καὶ κατὰ τὰς ἐν τῷ Συμποσίῳ ὑφηγημένας
ὁδοὺς τῷ Πλάτωνι ἐφάνη ἐκεῖνος ὁ θεὸς ὁ μήτε μορφὴν

ce voile pesant d'obscurité, qui est notre fléau, et, au milieu des tourmentes de la vie, tu savais contempler bien de beaux spectacles, difficilement visibles à ceux des hommes qui cherchent la sagesse. Maintenant, délivré de ton enveloppe, tu as quitté le tombeau où reposait ton âme démonique, et tu arrives à l'assemblée des démons d'où s'exhalent des souffles délicieux. Là se trouvent l'amitié, le désir gracieux plein d'une joie pure, toujours rassasié de l'ambroisie qui vient des dieux ; là on se laisse persuader par l'amour ; un doux zéphyr y souffle, et l'éther y est sans nuages ; là habitent, issus de la race d'or du grand Zeus, Minos et son frère Rhadamante, et Éaque le juste ; là se trouvent Platon, cette âme sainte, le beau Pythagore, et tous les choreutes de l'immortel Éros, tous ceux qui ont en partage la parenté avec les démons bienheureux ; et leurs cœurs sont remplis d'éternelles délices. Ô bienheureux ! Combien de luttes tu as soutenues en allant vers ces chastes démons, avec, pour arme, l'élan irrésistible de la vie. Arrêtons notre chant ; muses joyeuses, arrêtez les gracieux méandres de votre danse en l'honneur de Plotin. Voilà ce que, sur ma lyre d'or, j'avais à dire à cette âme éternellement heureuse. »

23 Ces vers disent qu'il était bon, bienveillant, et surtout aimable et agréable ; et nous savions, nous aussi, qu'il était précisément ainsi. Ils disent encore que sa pensée ne sommeillait jamais, que son âme était pure et se hâtait toujours vers le divin ; il le désirait de toute son âme ; il fit tout pour s'affranchir et « pour fuir les flots amers de cette vie avide de sang. » Ainsi, c'est surtout à cet homme démonique, cet homme qui remontait souvent par l'intelligence jusqu'au dieu premier et transcendant, en suivant les voies prescrites par Platon dans le *Banquet*, il vit le Dieu qui n'a ni forme ni figure aucune, mais qui est

μήτε τινά ἰδέαν ἔχων, ὑπὲρ δὲ νοῦν καὶ πᾶν τὸ νοητὸν ἱδρυμένος. *Ὧ δὴ καὶ ἐγὼ Πορφύριος ἅπαξ λέγω πλησιάσαι καὶ ἑνωθῆναι ἔτος ἄγων ἑξηκοστόν τε καὶ ὄγδοον. Ἐφάνη γοῦν τῷ Πλωτίνῳ σκοπὸς ἐγγύθι ναίων. Τέλος γὰρ αὐτῷ καὶ σκοπὸς ἦν τὸ ἑνωθῆναι καὶ πελάσαι τῷ ἐπὶ πᾶσι θεῷ. Ἔτυχε δὲ τετράκις που, ὅτε αὐτῷ συνήμην, τοῦ σκοποῦ τούτου ἐνεργείᾳ ἀρρήτῳ καὶ οὐ δυνάμει. Καὶ ὅτι « λοξῶς φερόμενον πολλάκις οἱ θεοὶ κατηύθυναν θαμινὴν φαέων ἀκτῖνα πορόντες », ὡς ἐπισκέψει τῇ παρ' ἐκείνων καὶ ἐπιβλέψει γραφῆναι τὰ γραφέντα, εἴρηται. « Ἐκ δὲ τῆς ἀγρύπνου ἔσωθέν τε καὶ ἔξωθεν θέας ἔδρακες », φησίν, « ὅσσοις πολλά τε καὶ χαρίεντα, τά κεν ῥέα οὔτις ἴδοιτο ἀνθρώπων τῶν φιλοσοφίᾳ προσεχόντων ». Ἡ γὰρ δὴ τῶν ἀνθρώπων θεωρία ἀνθρωπίνης μὲν ἂν γένοιτο ἀμείνων· ὡς δὲ πρὸς τὴν θείαν γνῶσιν χαρίεσσα μὲν ἂν εἴη, οὐ μὴν ὥστε τὸ βάθος ἑλεῖν ἂν δυνηθῆναι, ὅπερ αἱροῦσιν οἱ θεοί. Ταῦτα μὲν οὖν ὅτι ἔτι σῶμα περικείμενος ἐνήργει καὶ τίνων ἐτύγχανε δεδήλωκε. « Μετὰ δὲ τὸ λυθῆναι ἐκ τοῦ σώματος ἐλθεῖν μὲν αὐτόν » φησιν « εἰς τὴν δαιμονίαν ὁμήγυριν, πολιτεύεσθαι δ' ἐκεῖ φιλότητα, ἵμερον, εὐφροσύνην, ἔρωτα ἐξημμένον τοῦ θεοῦ, τετάχθαι δὲ καὶ τοὺς λεγομένους δικαστὰς τῶν ψυχῶν, παῖδας τοῦ θεοῦ, Μίνω καὶ Ῥαδάμανθυν καὶ Αἰακόν, πρὸς οὓς οὐ δικασθησόμενον οἴχεσθαι, συνεσόμενον δὲ τούτοις, οἷς καὶ οἱ ἄλλοι θεοῖς ἀρεστοὶ σύνεισιν. ⟨Εἰσὶ⟩ δὲ οὗτοι Πλάτων, Πυθαγόρας ὁπόσοι τε ἄλλοι χορὸν στήριξαν

situé par delà l'Intellect et tout l'Intelligible. Ce Dieu, pour
ma part, moi Porphyre, j'affirme l'avoir approché et m'être
uni à lui une fois, dans ma soixante-huitième année. Plotin
lui « eut la vision du but tout proche ». La fin et le but, en
effet, c'était pour lui d'être uni au dieu qui est au-dessus
de toutes choses et de s'approcher de lui. Pendant que je
fus avec lui, il atteignit quatre fois ce but, je crois, grâce à
un acte ineffable, et non pas en puissance. « Souvent, dit
encore l'oracle, les dieux redressèrent ta marche oblique,
pour te faire voir le rayonnement de leur lumière » : il dit
donc que c'est sous l'inspection et la surveillance de ces
êtres que ses écrits furent composés.

« Tu contemplais sans cesse, dit l'oracle, en toi-même
comme en dehors de toi ; et tu vis ainsi bien de beaux
spectacles difficilement visibles des hommes adonnés à la
philosophie. » C'est que la contemplation, chez les hommes,
peut devenir plus qu'humaine ; pourtant relativement à la
connaissance qui appartient aux dieux, elle nous donne
bien de « beaux spectacles », mais elle ne peut saisir la
réalité jusqu'en son fond, que saisissent précisément les
dieux. Voilà donc d'après l'oracle, ce que faisait Plotin et
ce qu'il atteignait, quand il était encore enveloppé du corps.
Mais après s'en être délivré, il vint dans l' « assemblée
des démons. » Là séjournent l'amitié, le désir, la joie,
l'amour suspendu à Dieu ; c'est le rang où se trouvent ceux
qu'on appelle les juges des âmes, les fils de Dieu, Minos,
Rhadamante et Éaque ; il vient à eux non pour se faire juger,
mais pour se réunir à eux comme s'y unissent tous ceux qui
ont plu aux dieux[78]. C'est Platon, c'est Pythagore, et « tous

---

78. Nous traduisons la conjecture proposée par Nauck et reproduite dans
l'édition Budé. Les manuscrits ont un texte difficilement compréhensible
(theoi aristoi). L. Brisson *et alii* proposent de comprendre *oi alloi osoi
aristoi* (« tous les meilleurs des hommes »).

ἔρωτος ἀθανάτου· ἐκεῖ δὲ τὴν γένεσιν τοὺς ὀλβίστους
δαίμονας ἔχειν βίον τε μετιέναι τὸν ἐν θαλίαις καὶ
εὐφροσύναις καταπεπυκνωμένον καὶ τοῦτον διατελεῖν καὶ
ὑπὸ θεῶν μακαριζόμενον. »

24   Τοιοῦτος μὲν οὖν ὁ Πλωτίνου ἡμῖν ἱστόρηται βίος.
᾽Επεὶ δὲ αὐτὸς τὴν διάταξιν καὶ τὴν διόρθωσιν τῶν
βιβλίων ποιεῖσθαι ἡμῖν ἐπέτρεψεν, ἐγὼ δὲ κἀκείνῳ ζῶντι
ὑπεσχόμην καὶ τοῖς ἄλλοις ἑταίροις ἐπηγγειλάμην
ποιῆσαι τοῦτο, πρῶτον μὲν τὰ βιβλία οὐ κατὰ χρόνους
ἐᾶσαι φύρδην ἐκδεδομένα ἐδικαίωσα, μιμησάμενος δ᾽
᾽Απολλόδωρον τὸν ᾽Αθηναῖον καὶ ᾽Ανδρόνικον τὸν Περι-
πατητικόν ὧν ὁ μὲν ᾽Επίχαρμον τὸν κωμῳδιογράφον εἰς
δέκα τόμους φέρων συνήγαγεν, ὁ δὲ τὰ ᾽Αριστοτέλους
καὶ Θεοφράστου εἰς πραγματείας διεῖλε τὰς οἰκείας
ὑποθέσεις εἰς ταὐτὸν συναγαγών· οὕτω δὴ καὶ ἐγὼ
πεντήκοντα τέσσαρα ὄντα ἔχων τὰ τοῦ Πλωτίνου βιβλία
διεῖλον μὲν εἰς ἓξ ἐννεάδας τῇ τελειότητι τοῦ ἓξ ἀριθμοῦ
καὶ ταῖς ἐννεάσιν ἀσμένως ἐπιτυχών, ἑκάστῃ δὲ ἐννεάδι
τὰ οἰκεῖα φέρων συνεφόρησα δοὺς καὶ τάξιν πρώτην
τοῖς ἐλαφροτέροις προβλήμασιν. Ἡ μὲν γὰρ πρώτη ἐννεὰς
ἔχει τὰ ἠθικώτερα τάδε·

Τί τὸ ζῷον καὶ τίς ὁ ἄνθρωπος.
Περὶ ἀρετῶν.
Περὶ διαλεκτικῆς.
Περὶ εὐδαιμονίας.
Εἰ ἐν παρατάσει χρόνου τὸ εὐδαιμονεῖν.

les choreutes de l'immortel Éros. » Là est l'origine des démons bienheureux ; ils y mènent une vie toute comblée de délices et de joies ; et ils possèdent jusqu'au bout ce bonheur qui leur vient des dieux.

24 Telle est l'histoire de la vie de Plotin. Comme il m'a prescrit lui-même de mettre en ordre et de corriger ses traités (je le lui ai promis de son vivant, et j'ai fait part aux autres compagnons de ce projet), d'abord, je n'ai pas voulu suivre l'ordre chronologique ; car ils avaient paru sans plan d'ensemble ; mais j'ai fait comme Apollodore d'Athènes et Andronicus le péripatéticien ; l'un a réuni en dix tomes les œuvres du poète comique Épicharme[79] ; l'autre a divisé en traités les œuvres d'Aristote et celles de Théophraste, en rassemblant les sujets parents entre eux[80]. De la même façon, moi aussi, j'avais les cinquante-quatre livres de Plotin, et je les ai partagés en six Ennéades ; j'eus ainsi la joie de trouver le nombre parfait six et le nombre neuf. J'ai réuni en chaque Ennéade les livres qui s'apparentaient par leur sujet, et j'ai donné, en chacune, la première place aux questions les plus faciles.

La *première Ennéade* contient les traités plus tournés vers la morale :

1. *Qu'est-ce que l'être vivant ? Qu'est-ce que l'homme ?*
2. *Des vertus.*
3. *De la dialectique.*
4. *Du bonheur.*
5. *Le bonheur s'accroît-il avec le temps ?*

---

79. À la fin du IIe s. avant J.-C.
80. Au début du Ier s. avant J.-C.

Περὶ τοῦ καλοῦ.
Περὶ τοῦ πρώτου ἀγαθοῦ καὶ τῶν ἄλλων ἀγαθῶν·
Πόθεν τὰ κακά.
Περὶ τῆς ἐκ τοῦ βίου εὐλόγου ἐξαγωγῆς.

Ἡ μὲν οὖν πρώτη ἐννεὰς τάδε περιέχει ἠθικωτέρας ὑποθέσεις περιλαβοῦσα. Ἡ δὲ δευτέρα τῶν φυσικῶν συναγωγὴν ἔχουσα τὰ περὶ κόσμου καὶ τὰ τῷ κόσμῳ ἀνήκοντα περιέχει. Ἔστι δὲ ταῦτα·

Περὶ τοῦ κόσμου.
Περὶ τῆς κυκλοφορίας.
Εἰ ποιεῖ τὰ ἄστρα.
Περὶ τῶν δύο ὑλῶν.
Περὶ τοῦ δυνάμει καὶ ἐνεργείᾳ.
Περὶ ποιότητος καὶ εἴδους.
Περὶ τῆς δι᾽ ὅλων κράσεως.
Πῶς τὰ πόρρω ὁρώμενα μικρὰ φαίνεται.
Πρὸς τοὺς κακὸν τὸν δημιουργὸν τοῦ κόσμου καὶ τὸν κόσμον κακὸν εἶναι λέγοντας.

Ἡ δὲ τρίτη ἐννεὰς ἔτι τὰ περὶ κόσμου ἔχουσα περιείληφε τὰ περὶ τῶν κατὰ κόσμον θεωρουμένων ταῦτα·

Περὶ εἱμαρμένης.
Περὶ προνοίας πρῶτον.
Περὶ προνοίας δεύτερον.
Περὶ τοῦ εἰληχότος ἡμᾶς δαίμονος.
Περὶ ἔρωτος.
Περὶ τῆς ἀπαθείας τῶν ἀσωμάτων.

6. *Du beau.*
7. *Du premier Bien et des autres biens.*
8. *D'où viennent les maux ?*
9. *Du suicide raisonnable.*

Voilà donc les traités compris dans la *première Ennéade* : elle embrasse des questions plus tournées vers la morale. La *seconde* réunit les traités qui s'occupent de physique ; elle contient les traités sur le monde et ceux qui s'y rattachent. Les voici :

1. *Du monde.*
2. *Du mouvement circulaire.*
3. *Les astres agissent-ils ?*
4. *Des deux matières.*
5. *Que veulent dire les termes « en puissance » et « en acte » ?*
6. *De la qualité et de la forme.*
7. *Du mélange intégral.*
8. *Pourquoi les objets éloignés paraissent-ils petits ?*
9. *Contre ceux qui disent que l'auteur du monde est méchant et que le monde est mauvais.*

La *troisième Ennéade* contient encore, outre des traités sur le monde, des traités sur des objets considérés dans leur rapport au monde.

1. *Du Destin.*
2. *De la Providence I.*
3. *De la Providence II.*
4. *Da démon qui nous a reçus en partage.*
5. *De l'amour.*
6. *De l'impassibilité des incorporels.*

Περὶ αἰῶνος καὶ χρόνου.
Περὶ φύσεως καὶ θεωρίας καὶ τοῦ ἑνός.
Ἐπισκέψεις διάφοροι.

25   Ταύτας τὰς τρεῖς ἐννεάδας ἡμεῖς ἐν ἑνὶ σωματίῳ
τάξαντες κατεσκευάσαμεν. Ἐν δὲ τῇ τρίτῃ ἐννεάδι
ἐτάξαμεν καὶ τὸ περὶ τοῦ εἰληχότος ἡμᾶς δαίμονος,
ὅτι καθόλου θεωρεῖται τὰ περὶ αὐτοῦ καὶ ἔστι τὸ πρόβλημα
καὶ παρὰ τοῖς τὰ κατὰ τὰς γενέσεις τῶν ἀνθρώπων σκεπτο-
μένοις. Ὁμοίως δὲ καὶ ὁ περὶ ἔρωτος τόπος. Τὸ δὲ
περὶ αἰῶνος καὶ χρόνου διὰ τὰ περὶ τοῦ χρόνου
ἐνταῦθα ἐτάξαμεν. Τὸ δὲ περὶ φύσεως καὶ θεωρίας καὶ
τοῦ ἑνὸς διὰ τὸ περὶ φύσεως κεφάλαιον ἐνταῦθα τέτακται.
Ἡ δὲ τετάρτη ἐννεὰς μετὰ τὰ περὶ κόσμου τὰ περὶ
ψυχῆς εἴληχε συγγράμματα. Ἔχει δὲ τάδε·

Περὶ οὐσίας ψυχῆς πρῶτον.
Περὶ οὐσίας ψυχῆς δεύτερον.
Περὶ ψυχῆς ἀποριῶν πρῶτον.
Περὶ ψυχῆς ἀποριῶν δεύτερον.
Περὶ ψυχῆς ἀποριῶν τρίτον ἢ περὶ ὄψεως.
Περὶ αἰσθήσεως καὶ μνήμης.
Περὶ ἀθανασίας ψυχῆς.
Περὶ τῆς εἰς τὰ σώματα καθόδου τῆς ψυχῆς.
Εἰ πᾶσαι αἱ ψυχαὶ μία.

Ἡ μὲν οὖν τετάρτη ἐννεὰς τὰς περὶ ψυχῆς αὐτῆς
ὑποθέσεις ἔσχε πάσας. Ἡ δὲ πέμπτη ἔχει μὲν τὰς περὶ
νοῦ, περιέχει δὲ ἕκαστον τῶν βιβλίων ἔν τισι καὶ περὶ
τοῦ ἐπέκεινα καὶ περὶ τοῦ ἐν ψυχῇ νοῦ καὶ περὶ τῶν
ἰδεῶν. Ἔστι δὲ τάδε·

25 J'ai disposé et organisé ces trois Ennéades en un seul corps. J'ai disposé dans la *troisième Ennéade* le traité *Sur le démon qui nous a reçus en partage*, parce qu'il est la matière de considérations générales, et parce que la question intéresse aussi ceux qui font des recherches sur la naissance des hommes. J'y ai mis aussi, pour les mêmes raisons, le traité *De l'amour*. J'y ai disposé le traité *De l'éternité et du temps*, à cause de l'étude qu'il y fait du temps. Le traité *De la nature ; de la contemplation ; de l'Un* y a été disposé à cause de son développement sur la nature.

La *quatrième Ennéade*, qui vient après les traités relatifs au monde, contient ceux qui sont relatifs à l'âme. Les voici :

La *quatrième Ennéade* a reçu toutes les questions relatives à l'âme, prise en elle-même, et la *cinquième* celles qui sont relatives à l'Intellect. Pourtant, il y a aussi en chacun des traités de celle-ci des développements sur la réalité qui est au-delà, sur l'Intellect qui est dans l'âme et sur les idées. Voici ces traités :

Περὶ τῶν τριῶν ἀρχικῶν ὑποστάσεων.

Περὶ γενέσεως καὶ τάξεως τῶν μετὰ τὸ πρῶτον.

Περὶ τῶν γνωριστικῶν ὑποστάσεων καὶ τοῦ ἐπέκεινα.

Πῶς ἀπὸ τοῦ πρώτου τὸ μετὰ τὸ πρῶτον καὶ περὶ τοῦ ἑνός.

ʺΟτι οὐκ ἔξω τοῦ νοῦ τὰ νοητὰ καὶ περὶ τἀγαθοῦ.

Περὶ τοῦ τὸ ἐπέκεινα τοῦ ὄντος μὴ νοεῖν· καὶ τί τὸ πρώτως νοοῦν καὶ τί τὸ δευτέρως.

Περὶ τοῦ εἰ καὶ τῶν καθ' ἕκαστα ἔστιν εἴδη.

Περὶ τοῦ νοητοῦ κάλλους.

Περὶ νοῦ καὶ τῶν ἰδεῶν καὶ τοῦ ὄντος.

26 Καὶ τὴν τετάρτην οὖν καὶ τὴν πέμπτην ἐννεάδα εἰς ἓν σωμάτιον κατετάξαμεν. Λοιπὴν δὲ τὴν ἕκτην ἐννεάδα εἰς ἕν ἄλλο σωμάτιον, ὡς διὰ τριῶν σωματίων γεγράφθαι τὰ Πλωτίνου πάντα, ὧν τὸ μὲν πρῶτον σωμάτιον ἔχει τρεῖς ἐννεάδας, τὸ δὲ δεύτερον δύο, τὸ δὲ τρίτον μίαν. ʺΕστι δὲ τὰ τοῦ τρίτου σωματίου, ἐννεάδος δὲ ἕκτης, ταῦτα·

Περὶ τῶν γενῶν τοῦ ὄντος πρῶτον.

Περὶ τῶν γενῶν τοῦ ὄντος δεύτερον.

Περὶ τῶν γενῶν τοῦ ὄντος τρίτον.

Περὶ τοῦ τὸ ὂν ἓν καὶ ταὐτὸ ὂν ἅμα πανταχοῦ εἶναι ὅλον πρῶτον.

Περὶ τοῦ τὸ ὂν ἓν καὶ ταὐτὸ ὂν ἅμα πανταχοῦ εἶναι ὅλον δεύτερον.

Περὶ ἀριθμῶν.

Πῶς τὸ πλῆθος τῶν ἰδεῶν ὑπέστη καὶ περὶ τἀγαθοῦ.

Περὶ τοῦ ἑκουσίου καὶ θελήματος τοῦ ἑνός.

Περὶ τἀγαθοῦ ἢ τοῦ ἑνός.

1. *Des trois hypostases qui sont principes.*
2. *De la genèse et de l'ordre des réalités postérieures au Premier.*
3. *Des hypostases qui ont la faculté de connaître, et de ce qui est au-delà.*
4. *Comment ce qui est après le Premier vient du Premier ; de l'Un.*
5. *Que les intelligibles ne sont pas en dehors de l'Intellect : du Bien.*
6. *Que ce qui est au-delà de l'être n'intellige pas. Qu'est-ce que l'être qui intellige de premier rang et l'être qui intellige de second rang ?*
7. *Y a-t-il des idées des choses particulières ?*
8. *De la beauté intelligible.*
9. *De l'Intellect, des idées et de l'être.*

26 J'ai disposé en un seul corps la quatrième et la cinquième Ennéades. Reste la *sixième Ennéade*, dont j'ai fait un autre corps. Tous les traités de Plotin forment donc trois corps dont le premier contient trois Ennéades, le second deux, et le troisième une seule. Voici les traités du troisième corps ou *sixième Ennéade* :

1. *Des genres de l'être I.*
2. *Des genres de l'être II.*
3. *Des genres de l'être III.*
4-5. *Que l'être qui est partout tout entier est un seul et même être I et II.*
6. *Des nombres.*
7. *Comment est arrivée à l'existence la multiplicité des idées : du Bien.*
8. *De ce qui est volontaire ; de la volonté de l'Un.*
9. *Du Bien ou de l'Un.*

Τὰ μὲν οὖν βιβλία εἰς ἓξ ἐννεάδας τοῦτον τὸν τρόπον κατετάξαμεν τέσσαρα καὶ πεντήκοντα ὄντα· καταβεβλήμεθα δὲ καὶ εἴς τινα αὐτῶν ὑπομνήματα ἀτάκτως διὰ τοὺς ἐπείξαντας ἡμᾶς ἑταίρους γράφειν εἰς ἅπερ αὐτοὶ τὴν σαφήνειαν αὐτοῖς γενέσθαι ἠξίουν. Ἀλλὰ μὴν καὶ τὰ κεφάλαια τῶν πάντων πλὴν τοῦ περὶ τοῦ καλοῦ διὰ τὸ λεῖψαι ἡμῖν πεποιήμεθα κατὰ τὴν χρονικὴν ἔκδοσίν τῶν βιβλίων· ἀλλ᾽ ἐν τούτῳ οὐ τὰ κεφάλαια μόνον καθ᾽ ἕκαστον ἔκκειται τῶν βιβλίων, ἀλλὰ καὶ ἐπιχειρήματα, ἃ ὡς κεφάλαια συναριθμεῖται. Νυνὶ δὲ πειρασόμεθα ἕκαστον τῶν βιβλίων διερχόμενοι τάς τε στιγμὰς αὐτῷ προσθεῖναι καὶ εἴ τι ἡμαρτημένον εἴη κατὰ λέξιν διορθοῦν· καὶ ὅ τι ἂν ἡμᾶς ἄλλο κινήσῃ, αὐτὸ σημανεῖ τὸ ἔργον.

J'ai donc ainsi disposé en six Ennéades ces traités qui sont au nombre de cinquante-quatre. En quelques-uns, j'ai inséré des commentaires, mais d'une manière irrégulière, à cause des compagnons de l'école qui nous ont pressé à écrire sur les passages précis dont eux-mêmes voulaient une explication. J'avais en outre (sauf pour le traité *du Beau*, que je n'avais pas en mains) rédigé des sommaires de tous les traités en suivant l'ordre chronologique dans lequel ils furent communiqués. Mais dans cette édition, chaque traité est accompagné non seulement d'un sommaire, mais d'un résumé de l'argumentation ; et ces résumés sont comptés comme des sommaires. Je vais parcourir maintenant chaque traité en m'efforçant d'y ajouter la ponctuation et de corriger les fautes qui pourraient se trouver dans l'expression. Aurai-je à m'inquiéter d'autre chose, c'est ce que mon œuvre elle-même montrera.

ANNEXE

La vie de Plotin d'après Eunape de Sardes

Eunape de Sardes (né en 349 après J.-C.) est l'auteur de *Vies des sophistes* qui contiennent une série de notices biographiques sur des philosophes, des sophistes et des médecins ayant vécu au IIIe et au IVe s.[1] Après un assez long prologue sur l'histoire de la philosophie et de la rhétorique, le texte s'ouvre sur la vie de Plotin. De son aveu même, Eunape a comme source principale la biographie de Porphyre.

Nous donnons ici une traduction du passage, d'après le texte établi par G. Giangrande, *Eunapii Vitae sophistarum*, Rome, 1956.

Πλωτῖνος ἦν ἐξ Αἰγύπτου φιλόσοφος. τὸ ἐξ Αἰγύπτου νῦν γράφων, καὶ τὴν πατρίδα προσθήσω. Λυκὼ ταύτην ὀνομάζουσιν· καίτοι γε ὁ θεσπέσιος φιλόσοφος Πορφύριος τοῦτο οὐκ ἀνέγραψε, μαθητής τε αὐτοῦ γεγενῆσθαι λέγων, καὶ συνεσχολακέναι τὸν βίον ἅπαντα ἢ τὸν πλεῖστον. τούτου Πλωτίνου θερμοὶ βωμοὶ νῦν, καὶ τὰ βιβλία

1. Voir R. Goulet, « Eunape de Sardes », *Dictionnaire des philosophes antiques*, t. III, Paris, CNRS Éditions, 2000, p. 310-324.

οὐ μόνον τοῖς πεπαιδευμένοις διὰ χειρὸς ὑπὲρ τοὺς
Πλατωνικοὺς λόγους, ἀλλὰ καὶ τὸ πολὺ πλῆθος,
ἐάν τι παρακούσῃ δογμάτων, ἐς αὐτὰ κάμπτεται.
τὸν βίον αὐτοῦ πάντα Πορφύριος ἐξήνεγκεν, ὡς
οὐδένα οἷόν τε ἦν πλέον εἰσφέρειν· ἀλλὰ καὶ πολλὰ
τῶν βιβλίων ἑρμηνεύσας αὐτοῦ φαίνεται.

« Plotin était un philosophe originaire d'Égypte. Et
puisque j'ai écrit "originaire d'Égypte", je vais aussi ajouter
sa patrie. On l'appelle Lycô. Ce point, pourtant, Porphyre,
le divin philosophe, ne l'a pas consigné, lui qui affirme avoir
été son disciple et l'avoir fréquenté pendant toute sa vie, ou
la plus grande partie de sa vie. De ce Plotin, les autels sont
aujourd'hui encore chauds. Et ses livres, non seulement les
gens éduqués les ont entre les mains et les placent plus haut
que les écrits de Platon, mais même le grand nombre plie
le genou devant eux, s'il vient à entendre, quoique de travers,
quelqu'une de ses doctrines. Porphyre a fait connaître
l'ensemble de la vie de Plotin, si bien qu'il était[2] impossible
à quiconque d'ajouter quoi que ce soit. Plus encore, il est
manifeste qu'il a interprété de nombreux livres de Plotin. »

On voit qu'Eunape répugne à reproduire les informations
déjà données par Porphyre[3]. Sa notice n'est donc pas une
vie de Plotin, mais plutôt un agrégat d'éléments qui ne
figurent pas dans sa source :
– Il mentionne l'origine égyptienne de Plotin, dont il
situe la naissance à Lycopolis. On ignore d'où vient ce

2. Ou : qu'il serait.
3. Son compte rendu est d'ailleurs inexact puisqu'il estime que
Porphyre aurait passé toute sa vie, ou la plus grande partie, auprès de
Plotin, alors que Porphyre affirme n'avoir fréquenté son maître que
pendant six ans.

renseignement. On le retrouvera au IXe s. dans la *Souda*, par l'intermédiaire d'Hésychius (VIe s.)[4].

– Eunape fait état d'une activité exégétique soutenue de Porphyre à propos des livres de son maître. Peut-être n'a-t-il pas d'autre information que le chapitre 26 de la *VP*. L'existence de commentaires porphyriens aux *Ennéades* a été défendue cependant par M.-O. Goulet-Cazé, mais sur la base d'autres témoignages, car elle estime que le texte d'Eunape est sans valeur[5]. La question reste ouverte cependant : juste avant, Eunape est en mesure d'apporter un témoignage personnel sur la réception de Plotin (voir *infra*), et le verbe *phainesthai*, qu'il utilise, signifie *a priori*, lorsqu'il est comme ici suivi du participe, « être manifestement » et non « sembler ». Eunape avait donc le sentiment de faire état d'un fait *manifeste*.

– Eunape mentionne la renommée de l'œuvre de Plotin au début du Ve s. L'antithèse « gens cultivés – le grand nombre » cache probablement une polémique contre les chrétiens, désignés peut-être comme « le grand nombre ». Un autre indice en faveur de cette hypothèse réside dans l'usage du verbe *parakouô*, qui signifie « entendre par hasard » ou « entendre de travers ». Eunape fait probablement allusion à travers ce verbe à l'usage important que les chrétiens commencèrent à faire de l'œuvre de Plotin, dès Eusèbe de Césarée (début du IVe s.), premier auteur à citer ses traités. Dans la tradition apologétique issue d'Eusèbe, Plotin apparaît comme un platonicien qui a eu connaissance du mystère de la Trinité (allusion aux trois hypostases décrites dans l'*Ennéade*, V, 1 : voir Eusèbe, *Préparation*

---

4. *Souda*, Π 1811 (édition A. Adler, t. IV, Stuttgart, 1989, p. 151).
5. « L'édition porphyrienne des *Ennéades*. État de la question », dans L. Brisson *et alii*, *Porphyre. La vie de Plotin*, t. I, Paris, Vrin, 1992, p. 280-327.

évangélique, XI, 17 ; Théodoret de Cyr, *Thérapeutique des maladies helléniques*, II, 82 ; 85). À partir de la seconde moitié du IVe s., en outre, la pensée de Plotin sera mise au service de la théologie spéculative, notamment chez les Cappadociens Basile de Césarée et Grégoire de Nysse.

INDICATIONS BIBLIOGRAPHIQUES

La *Vie de Plotin*

Le texte suivi est celui d'É. Bréhier dans *Plotin. Ennéades*, vol. I, Paris, CUF, 1960. La *VP* a fait l'objet d'une édition et d'une traduction nouvelle : L. Brisson *et alii*, *Porphyre. La vie de Plotin*, 2 vol., Paris, 1992. Les deux volumes contiennent par ailleurs des études préliminaires capitales pour l'approche du texte.

Traductions dans d'autres langues

a) en allemand
W. von Marg-R. Harder, *Über Plotins Leben und über die Ordnung seiner Schriften*, Hambourg, 1958.

b) en anglais
M. Edwards, *Neoplatonic Saints. The Lives of Plotinus and Proclus by their Students*, Liverpool, 2000.

c) en espagnol
J. Igal, *Vida de Plotino y orden de sus escritos. Plotino, Enéadas*, Madrid, 1984.

d) en italien

G. Pugliese Carratelli-V. Cilento, *Porfirio. Vita di Plotino ed ordine dei suoi scritti*, Naples, 1946.

G. Faggin, *Plotino, Enneadi. Porfirio, Vita di Plotino*, Milan, 1992.

M. Casaglia-C. Guidelli-A. Linguiti-F. Moriani, *Enneadi di Plotino*, t. I : *Vita di Plotino e ordinamento dei suoi libri ; Enneadi prima, seconda, terza*, Turin, 1997.

G. Girgenti, *Porfirio, Vita di Plotino*, Milan, 2002.

Sur Porphyre

J. Bidez, *Vie de Porphyre, le philosophe néo-platonicien*, Gand, 1913.

G. Girgenti, *Introduzione a Porfirio*, Bari, 1997.

R. Goulet, « Porphyre de Tyr », *Dictionnaire des philosophes antiques*, t. V, Paris, 2012, p. 1289-1468.

Sur Plotin

C. D'Ancona, « Plotin », *Dictionnaire des philosophes antiques*, t. V, Paris, 2012, p. 885-1068.

P. Hadot, *Plotin ou la simplicité du regard*, Paris, Gallimard, 1997.

Sur les vies de philosophes

G. Clark, « Philosophic Lives and the Philosophic Life : Porphyry and Iamblichus », dans *Greek Biography and Panegyric in Late Antiquity*, éd. Th. Hägg-Ph. Rousseau, Berkeley, 2000, p. 29-51.

P. Cox Miller, *Biography in Late Antiquity. A Quest for the Holy Man*, Berkeley-Los Angeles-Londres, 1983.

R. Goulet, « Les vies de philosophes de l'Antiquité tardive », dans *Études sur les Vies de philosophes de l'Antiquité tardive. Diogène Laërce, Porphyre de Tyr, Eunape de Sardes*, Paris, 2001.

R. Masullo, « La biografia filosofica nel tardoantico », *Vichiana*, 5, 1994, p. 225-237.

Quelques études récentes sur la Vie de Plotin
Pour les références antérieures à 1992, on pourra se reporter à L. Brisson-J.-M. Flamand, « *Vita Plotini* : une bibliographie », dans L. Brisson *et alii, Porphyre. La vie de Plotin*, t. II, Paris, 1992, p. 723-735.

K. Alt, « Zu zwei Aussagen über Plotins Kindheit und Tod (Porphyrios Vita Plotini 2, 26 f. und 3, 1-6) », *Philotheos*, 2, 2002, p. 128-134.

R. Bodéüs, « Plotin a-t-il empêché Porphyre de mourir de mélancolie ? », *Hermes*, 129, 2001, p. 567-571.

L. Brisson, « The Philosopher and the Magician (Porphyry, Vita Plotini 10, 1-13). Magic and Sympathy », dans *Antiken Mythen. Medien, Transformationen und Konstruktionen. Festschrift für Fritz Graf zum 65. Geburtstag*, Berlin, 2009, p. 189-202.

J. Dillon, « Philosophy as a Profession in Late Antiquity », dans A. Smith (éd.), *The Philosopher and Society in Late Antiquity. Essays in Honour of Peter Brown*, Swansee, 2005, p. 1-17.

M. J. Edwards, « A Portrait of Plotinus », *Classical Quarterly*, 43, 1993, p. 480-490.

J. F. Finamore, « Biography as Self-Promotion : Porphyry's 'Vita Plotini' », *Dionysius*, 23, 2005, p. 49-61.

U. Hartmann, « Spätantike Philosophinnen : Frauen in den Philosophenviten von Porphyrios bis Damaskios », dans Chr. Ulf-R. Rollinger (éd.), *Fraeun und Geschlechter*, t. I, Cologne-Vienne, 2006, p. 43-79.

R. Lim, « The Auditor Thaumasius in the Vita Plotini », *Journal of Hellenic Studies*, 113, 1993, p. 157-160.

I. Männlein-Robert, « Biographie, Hagiographie, Autobiographie – Die Vita Plotini des Porphyrios », dans Th. Hägg-Ph. Rousseau (éd.), *Greek Biography and Panegyric in Late Antiquity*, Berkeley, 2000, p. 581-609.

L. Pernot, « La concentration intellectuelle de Plotin (Porph., *Vit. Plot.* 8) », *Revue des études grecques*, 125, 2012, p. 131-157.

J. M. Schott, « Plotinus' Portrait and Pamphilus' Prison Notebook : Neoplatonic and Christian Textualities at the Turn of the Fourth Century C. E. », *Journal of Early Christian Studies*, à paraître

H.-R. Schwyzer, « Textkritisches zu Plotin und zur Vita Plotini », dans M.-O. Goulet-Cazé-G. Madec-D. O'Brien (éd.), *Σοφίης Μαιήτορες, Chercheurs de sagesse. Hommage à Jean Pépin*, Paris, 1992, p. 343-346.

S. Stern-Gillet, « Plotinus and his Portrait », *The British Journal of Aesthetics*, 37, 1997, p. 211-225.

M. Zambon, « Porfirio biografo di filosofi », dans *La biografia di Origene fra storia e agiografia*, éd. A. Monaci, Villa Verucchio, 2004, p. 117-142.

TABLE DES MATIÈRES

Ce volume,
le cent onzième
de la collection « Classiques en poche »,
publié aux Éditions Les Belles Lettres,
a été achevé d'imprimer
en juillet 2013
sur les presses
de la Nouvelles Imprimerie Laballery
58500 Clamecy

Dépôt légal : août 2013 - N° d'édition : 7668
Imprimé en France - N° d'impression : 309023